Matthias Nöllke

Crashkurs Kaufmännisches Rechnen

Aus dem Inhalt

Das bietet Ihnen die CD-ROM

Rechner: Software-Tools, die Ihnen die Arbeit erleichtern

Wie zum Beispiel der Rechner „Gewinnschwellenanalyse" mit dem Sie den Break-Even-Point Ihrer Produkte berechnen. Oder der Rechner „Dynamische Investitionsrechnung", mit dem Sie zwei Objekte miteinander vergleichen können.
Und zu Ihrer Unterstützung ist jeder Rechner mit einer Hilfefunktion ausgestattet, die ihre Fragen beantwortet.

Jedes **CD-ROM-Icon** im  Buch erinnert Sie daran, dass ein Rechner auf der CD- ROM für Ihre Arbeit zur Verfügung steht.

Die Rechner – auf einen Blick

- Afa-Tabelle
- Barwert
- Betriebsabrechnungsbogen
- Betriebsergebnisrechnung
- Disagio
- Dynamische Investitions-rechnung
- Einmalanlagen und Sparraten
- Entnahmehöhe
- Euro – Umrechnung
- Finanzplanung
- Gewinnschwellenanalyse
- Investitionsrechnungs-verfahren

- Kennzahl – Kapital
- Kennzahl – Lager
- Kennzahl – Liquidität
- Kennzahl – Produktivität
- Kennzahl – Rentabilität
- Kennzahl – Umschlagshäu-figkeit von Forderungen
- Kennzahl – Vermögen
- Kennzahl – Working Capital und Cash Flow
- Leasing
- Umsatzsteuer – Währungs-rechner

Bibliographische Information Der Deutschen Bibliothek

Die Deutsche Bibliothek verzeichnet diese Publikation in der Deutschen Nationalbibliographie; detaillierte bibliographische Daten sind im Internet über http://dnb.ddb.de abrufbar.

ISBN 3-448-05581-6   Bestell-Nr. 01019-0002

© 2003, Rudolf Haufe Verlag GmbH & Co. KG,
Zweigniederlassung Planegg bei München
Redaktionsanschrift: Postfach 13 63, 82142 Planegg
Hausanschrift: Fraunhoferstraße 5, 82152 Planegg
Telefon (089) 8 95 17-0,
Telefax (089) 8 95 17-2 50
www.haufe.de,
erste-hilfe@haufe.de
Lektorat: Stephan Kilian, Jasmin Jallad

Idee & Konzeption: Dr. Matthias Nöllke, Textbüro Nöllke München
Umschlaggestaltung: Schell und Partner, 80469 München
Redaktion und DTP: Ulrich Leinz
Druck: Schätzl Druck, 86609 Donauwörth

Zur Herstellung der Bücher wird nur alterungsbeständiges Papier verwendet

Vorwort

Wie war das noch, mit dem „internen Zinsfuß"? Wie können Sie eben schnell mal von einem Betrag die Mehrwertsteuer abziehen oder aufschlagen? Was sagt genau der „Cash-Flow" aus? Wie berechnen Sie die „optimale Bestellmenge"? Und den Zinseszins? Wie können Sie prüfen, ob sich eine bestimmte Investition lohnt? Und bis zu welcher Höhe können Sie Rabatt geben?

Mit solchen Fragen müssen Sie sich nicht nur beschäftigen, wenn Sie für eine (kaufmännische oder betriebswirtschaftliche) Prüfung lernen, Sie werden damit in der täglichen Betriebspraxis konfrontiert. Wenn Sie sich da nicht zu helfen wissen, kann das sehr unangenehm werden. Denn kaufmännisches Rechnen gehört zu den Grundfertigkeiten, die Sie heute für Ihren Beruf mitbringen müssen. Und zwar nicht nur als kaufmännischer Praktiker in Handel, Industrie und Dienstleistung, sondern auch als Berater, Techniker oder Entscheidungsträger. Heute müssen alle „wirtschaftlich denken" können: Die Angehörigen von sozialen Berufen ebenso wie der „Innendienstler", der ein eigenes Budget verwaltet.

Doch für die Betroffenen ist es nicht selten eine etwas quälende Angelegenheit, sich die kaufmännischen Kenntnisse anzueignen oder sie aufzufrischen. Die einschlägigen Fachbücher sind oftmals eine recht spröde Lektüre und nicht immer leicht zu verstehen. Sie müssen viel Zeit und Mühe aufwenden, um den Lernstoff zu begreifen, auch wenn der gar nicht so kompliziert ist.

Hier möchte unser Ratgeber Abhilfe schaffen. Sie erfahren alles, was Sie wissen müssen – auch wenn Sie nur geringe Vorkenntnisse haben. So verständlich wie möglich werden Ihnen die Grundlagen vermittelt und die Zusammenhänge erklärt. Damit Ihnen niemand vorwerfen kann, dass Sie die Nettorückflüsse eines Projekts falsch berechnen oder den Cash-Flow mit dem Gewinn verwechseln.

Dr. Matthias Nöllke

Am Anfang steht der Dreisatz

Im ersten Kapitel möchten wir Ihre Kenntnisse der grundlegenden Rechenverfahren ein wenig auffrischen. Wie Sie dabei vorgehen müssen, wird Ihnen vermutlich nicht neu sein, doch vielleicht ist es etwas in Vergessenheit geraten.

Der einfache Dreisatz

Auch wenn Sie zu den mathematisch wenig ambitionierten Menschen gehören: Ohne Dreisatzrechnung geht gar nichts. Sie brauchen das Verfahren, um Preise, Mengen und Leistungen vergleichen zu können. Und auch bei der Währungsrechnung machen Sie vom Dreisatz Gebrauch. Darüber hinaus ist die Dreisatzrechnung Grundlage für etwas kompliziertere Berechnungen, etwa für die Lagerhaltung, die optimale Bestellmenge und vieles mehr.

Überaus nützlich und überaus einfach

Doch Dreisatzrechnung ist nicht nur sehr verbreitet und vielfältig einsetzbar, vor allem ist sie sehr einfach. Manchmal merken wir nicht einmal, dass wir von diesem Verfahren Gebrauch machen.

Drei Bekannte, eine Unbekannte

Beim einfachen Dreisatz setzen Sie zwei unterschiedliche Maßeinheiten zueinander in Beziehung, zum Beispiel die Menge und den Preis. Nehmen wir an, Sie möchten vier Eier kaufen. Ein Ei kostet 25 Cent. Ohne langes Nachrechnen legen Sie einen Euro auf den Zahlteller.

Wieso das? Weil Sie wissen, dass ein Ei (Menge) 25 Cent (Preis) kostet, kennen Sie die Beziehung zwischen den beiden Maßeinheiten und können nun im Prinzip den Preis für jede beliebige Menge berechnen. Oder auch die Menge, die Sie für eine bestimmte Geldsumme bekommen.

Zwei Maßeinheiten

In die mathematische Formalsprache übersetzt: Sie haben zwei Maßeinheiten A und B. Jedem Wert von A entspricht ein bestimmter Wert von B.

A = Menge der Eier	1	2	3	4	5
B = Preis in €	0,25	0,50	0,75	1	1,25

Aus drei bekannten Werten errechnen Sie den zugehörigen vierten Wert. Zu zwei bekannten A-Werten und einem bekannten B-Wert suchen Sie den fehlenden Sie Wert von B. Nebenbei bemerkt: Natürlich ist es ebenso möglich, aus zwei bekannten B-Werten und einem bekannten Wert von A den fehlenden A-Wert zu ermitteln.

Rechnen in drei Sätzen

Wie der Name bereits vermuten lässt, vollzieht sich die Dreisatzrechnung klassischerweise in drei Sätzen: Aussagesatz, Fragesatz und Lösungs- (oder Bruch-)satz. Im Aussagesatz notieren Sie, was Sie über die Beziehung von A- und B-Werten wissen. Der Fragesatz enthält den bekannten Wert, zu dem der unbekannte gesucht wird. Und der Lösungssatz bringt das Ergebnis:

Aussagesatz:	1 Ei kostet 25 Cent.
Fragesatz:	4 Eier kosten x Cent.
Lösungssatz:	$x = \dfrac{4 \cdot 25}{1} = 100$

4 Eier kosten demnach 100 Cent oder 1 Euro.

Rechnen Sie überkreuz

Für den Lösungssatz gibt es eine Formel, die für kompliziertere Berechnungen sehr hilfreich ist: Multiplizieren Sie den A-Wert aus dem Fragesatz mit dem B-Wert aus dem Aussagesatz und dividieren Sie das Ergebnis durch den A-Wert des Aussagesatzes, dann erhalten Sie den gesuchten B-Wert.

Ist hingegen ein Wert von A der gesuchte, so gilt entsprechend: Multiplizieren Sie den B-Wert aus dem Fragesatz mit dem A-Wert aus dem Aussagesatz und dividieren Sie das Ergebnis durch den B-Wert des Aussagesatzes.

Auf unser Beispiel bezogen hieße das: Sie suchen die Menge (A-Wert), die Sie für einen bestimmten Geldbetrag bekommen (B-Wert), zum Beispiel 2 Euro. Dann müssten Sie den Fragesatz umformulieren.

Aussagesatz:	1 Ei kostet 25 Cent.
Fragesatz:	x Eier kosten 200 Cent.
Lösungssatz:	$x = \dfrac{200 \cdot 1}{25} = 8$

Für 2 Euro bekommen Sie 8 Eier.

Formeln geben Ihnen Sicherheit

Vielleicht haben Sie nach den Eierrechnungen den Eindruck, die Dreisatz-Formel mache eine ganz einfache Rechnung unnötig kompliziert. Auf unsere äußerst simplen Beispiele mag das zutreffen, die Sache sieht jedoch anders aus, wenn Sie das Ergebnis nicht mehr an Ihren Fingern nachzählen können. Dann ist es unter Umständen sehr hilfreich, wenn Sie genau wissen, welchen Wert Sie jetzt durch welchen dividieren müssen. Und warum. Dann erspart Ihnen eine Formel einiges an Denkarbeit und möglicherweise auch den einen oder anderen größeren Rechenfehler.   ◄

Gerade oder ungerade Verhältnisse?

Unser erstes Beispiel ist ein Dreisatz mit einem so genannten „geraden Verhältnis", weil sich die A- und B-Werte *gleichartig* verhalten. Anders gesagt: Je höher der A-Wert, desto höher auch der B-Wert. Nun gibt es aber auch Fälle, in denen sich A- und B-Werte *gegenläufig* verhalten. Je höher der A-Wert, desto niedriger wird der B-Wert. Dann spricht man von einem Dreisatz mit „ungeradem Verhältnis".

Wenn die Zeit mit ins Spiel kommt, sind solche „ungeraden Verhältnisse" durchaus keine Seltenheit. So wird ein Auto eine bestimmte Strecke in kürzerer Zeit zurücklegen, wenn es seine Geschwindigkeit erhöht. Die Werte für die Geschwindigkeit nehmen zu, während die Werte für die Zeit abnehmen.

Wenn der eine Wert abnimmt, nimmt der andere zu

Wie Sie „ungerade Verhältnisse" berechnen

Bei einem Dreisatz mit „ungeradem Verhältnis" ändert sich natürlich die Formel, nach der Sie den gesuchten Wert berechnen müssen. Sie wird noch etwas einfacher, Sie müssen nur die beiden Werte des Aussagesatzes miteinander multiplizieren und durch den bekannten Wert des Fragesatzes dividieren. Nach folgendem Muster:

Praxis-Beispiel

> **Dreisatz mit ungeradem Verhältnis**
>
> Zwei Maschinen verarbeiten in sechs Stunden eine bestimmte Menge an Rohstoff. Wie viel Stunden würden drei Maschinen für die gleiche Menge benötigen?
>
> | | |
> |---|---|
> | Aussagesatz: | 2 Maschinen brauchen 6 Stunden. |
> | Fragesatz: | 3 Maschinen brauchen x Stunden. |
> | Lösungssatz: | $x = \dfrac{2 \cdot 6}{3} = \dfrac{12}{3} = 4$ Stunden. |
>
> Drei Maschinen wären also in 4 Stunden fertig.   ◄

Man kann es auch anders ausdrücken: Bei einem Dreisatz mit „ungeradem Verhältnis" rechnen Sie einfach mit dem „Kehrwert" (wenn Sie nicht wissen, was ein Kehrwert ist, macht das nichts, wir erklären es Ihnen ohnehin später noch einmal).

Woran erkennen Sie, ob das Verhältnis gerade oder ungerade ist?

Bei der Dreisatzrechnung können Sie es den Zahlen leider nicht ansehen, ob Sie es mit einem geraden oder ungeraden Verhältnis zu tun haben. Sie müssen also vorher wissen, wie sich die beiden Maßeinheiten zueinander verhalten. Das ist in der Regel gar nicht so kompliziert. Sie brauchen nur Ihren „gesunden Menschenverstand" einzuschalten.

Rechnen Sie mit „gesundem Menschenverstand" Überlegen Sie, was geschieht, wenn der eine Wert steigt. Also wenn mehr Maschinen eingesetzt werden, der Preis steigt oder die Anzahl der Äpfel, die Sie kaufen wollen. Wie wirkt sich das auf den anderen Wert aus? Steigt er ebenfalls? Dann haben Sie es mit einem geraden Verhältnis zu tun. Sinkt der andere Wert, ist das Verhältnis ungerade.

Diese einfache Eselsbrücke dürfte genügen. Nehmen Sie etwa das erste Beispiel von den Eiern. Je mehr Geld Sie zur Verfügung haben, desto mehr Eier können Sie kaufen (gerades Verhältnis). Wollen Sie jetzt aber den *Preis* der Eier berechnen, so dürfte Ihnen einleuchten, dass Sie bei steigendem Eierpreis immer weniger Eier für Ihr Geld bekommen (ungerades Verhältnis).

Die stillschweigenden Voraussetzungen beim Dreisatz

Zugegeben, es wirkt schon ein wenig zurechtgemogelt, erst einmal zu „schauen", wie sich die Werte beeinflussen, und erst dann nach der passenden Formel zu greifen. Doch müssen Sie bei der Dreisatzrechnung ohnehin eine entscheidende Annahme machen, bevor Sie anfangen zu rechnen.

A- und B-Werte müssen in einem linearen, stetigen Verhältnis zueinander stehen. Es darf weder Sprünge geben (beispielsweise durch Rabatte), noch exponentielles Wachstum (beispielsweise durch Zinseszins).

Zur Klarstellung: Ein lineares Verhältnis gibt es natürlich nur beim Dreisatz mit „geradem Verhältnis". Beim Dreisatz mit „ungeradem Verhältnis" handelt es sich allerdings um die „Umkehrfunktion" einer solchen linearen Funktion. Und deshalb würden auch hier Rabatte, unvermittelte Sprünge oder exponentielle Zahlenverhältnisse die Rechnung verfälschen.

Ein linearer Zusammenhang ist erforderlich

Was folgt daraus? Sie dürfen überhaupt nur Werte berechnen, die sich in der geschilderten Weise vollkommen gleichmäßig zueinander verhalten. Viele Maßzahlen (Temperatur, Lautstärke, manchmal auch Prozentwerte) kommen daher gar nicht oder nur mit Einschränkungen in Frage. Aber zum Glück geht es ja beim Kaufmännischen Rechnen nicht ums Temperaturmessen, sondern meist um höchst lineare Messgrößen. Zum Beispiel um Geld.

Währungsrechnen

Ein ideales Einsatzfeld für den Dreisatz ist die Umrechnung von einer Währung in eine andere. Beide Währungen verhalten sich vollkommen linear zueinander. Beim Umtausch gibt es keinen Mengenrabatt, es zählt das reine Zahlenverhältnis. Sofern Umtauschgebühren eine Rolle spielen, müssen Sie diese gesondert berechnen. In die Umrechnung gehen sie nicht ein.

Euro - Umrechnung

Und so wird es gemacht

Ankaufs- oder Verkaufskurs?

Die wichtigste Information für Sie ist der Kurs, zu dem Sie umtauschen können bzw. müssen. In der Regel gibt es zwei unterschiedliche Kurse, nämlich den Ankaufs- und den Verkaufskurs. Die Bank oder die Wechselstube verkauft Ihnen die Fremdwährung teurer als Sie sie von Ihnen ankauft. Daran verdient die Bank – noch vor jeder Umtauschgebühr.

Der Wechselkurs ist sozusagen Ihr Aussagesatz. Wie viel Sie umtauschen (oder bekommen) möchten, ist Ihr Fragesatz. Und das Ergebnis ist der Lösungssatz.

Wie viel Euro für 500 Dollar?

Sie möchten eine bestimmte Software aus den USA bestellen. Der Preis beträgt 500 Dollar. Der Wechselkurs zum Euro beträgt aktuell 1:1,136. Wie viel müssen Sie ausgeben?

Aussagesatz:	1 Dollar entspricht 1,136 Euro.
Fragesatz:	500 Dollar entsprechen x Euro.
Lösungssatz:	$x = \dfrac{1,136 \cdot 500}{1} = 568$ Euro.

Sie bezahlen für die Software 568 Euro.

Im Prinzip spielt es keine Rolle, ob Sie wissen, wie viel Euro Sie für einen Dollar oder wie viel Dollar Sie für einen Euro bekommen. Allerdings lässt es sich leichter rechnen, wenn Sie den Kurs für die Ausgangswährung kennen (in unserem Beispiel Dollar). Dann brauchen Sie nämlich einfach nur zu multiplizieren. Sonst müssten Sie dividieren und das fällt vielen schwerer. Sofern Sie aber ohnehin einen Taschenrechner benutzen, kommt es nicht darauf an, von welcher Währung Sie ausgehen.

Geldkurs und Briefkurs

Wir haben es bereits angesprochen: Beim Währungsumtausch gibt es zwei Kurse: Den Geldkurs, zu dem die Bank eine bestimmte (Fremd-)Währung ankauft, und den Briefkurs, zu dem die Bank sie verkauft. Kennen Sie beide Kurse, können Sie einen möglichen Umtauschverlust vorauskalkulieren (den Sie natürlich nur realisieren, wenn Sie das Geld nicht ausgeben, sondern zurücktauschen).

Umtausch und Rücktausch

Sie möchten eine Geschäftsreise nach Chikago unternehmen und tauschen bei Ihrer Bank 2.000 Euro in Dollar ein. Kurzfristig müssen Sie die Reise absagen und tauschen das Geld wieder in Euro ein. Dabei beträgt der Briefkurs für einen US-Dollar 1,14 Euro, der Geldkurs 1,13 Euro.

Für den Umtausch müssen Sie rechnen:

Aussagesatz:	1 Dollar entspricht 1,14 Euro.
Fragesatz:	x Dollar entsprechen 2000 Euro.
Lösungssatz:	$x = \dfrac{1 \cdot 2000}{1,14} = 1754,38$ Euro.

Für den Rücktausch rechnen Sie:

Aussagesatz:	1 Dollar entspricht 1,13 Euro.
Fragesatz:	1754,38 Dollar entsprechen x Euro.
Lösungssatz:	$x = \dfrac{1754,38 \cdot 1,13}{1} = 1982,45$ Euro.

Das ergibt einen „Umtauschverlust" von (2000 – 1982,45) = 17,55 Euro. ◀

Der Mittelkurs

In den Wirtschaftsnachrichten begegnet Ihnen ein dritter Kurs, der (amtliche) Mittelkurs. Wie der Name bereits vermuten lässt, bezeichnet er den Mittelwert zwischen Brief- und Geldkurs. Geld- und Briefkurs haben also den gleichen Abstand zum Mittelkurs. Daraus folgt: Wenn Sie zwei Kurse kennen, können Sie den dritten mühelos berechnen.

Mittelwert zwischen Geld- und Briefkurs

Vereinfachte Formel

Solange Sie sich bei der Währungsrechnung nicht sicher fühlen, sollten Sie beim Dreisatz bleiben. Auf der anderen Seite können Sie das Verfahren etwas beschleunigen, indem Sie einfach den gesuchten Geldbetrag mit dem Kurs der Zielwährung multiplizieren.

> *Euro-Betrag (Ausgangswährung) = ausländischer Geldbetrag · Kurs*

Wichtig ist dann nur, dass Sie den richtigen Kurs einsetzen, nämlich den Betrag, wie viel Euro Sie für eine Einheit der Zielwährung zahlen müssen, also für einen Dollar, ein Pfund, einen Schweizer Franken. Nun gibt es aber auch viele Währungen wie den japanischen Yen, bei denen wird im Umtauschkurs angegeben, wie viel Euro Sie für hundert oder gar tausend Einheiten zahlen. Dann müssen Sie den Kurs noch einmal durch hundert (oder tausend) dividieren.

Der zusammengesetzte Dreisatz

Die Leistungsfähigkeit der Dreisatzrechnung lässt sich beträchtlich erhöhen, wenn mehrere Dreisätze miteinander kombiniert werden zu einem so genannten zusammengesetzten Dreisatz. Für die Zusammensetzung spielt es keine Rolle, ob es sich um einen Dreisatz mit geradem oder ungeradem Verhältnis handelt. Entscheidend ist nur, dass die Werte, die Sie berechnen möchten, miteinander zusammenhängen. Denn dann können Sie Ihre Rechnung in mehrere Dreisätze auflösen, die Sie nacheinander berechnen.

Praxis-Beispiel

Die sechste Maschine

Frau Schmidt hat für ihren mittelständischen Betrieb einen großen Auftrag an Land gezogen: Statt der bisher 300 Teile sollen nun 500 Teile gefertigt werden. Für die 300 Teile brauchten ihre Mitarbeiter bisher an fünf Maschinen 12 Stunden. Um die 500 Teile zu fertigen soll eine sechste Maschine angeschafft werden. Frau Schmidt will wissen, wie viele Stunden ihr Betrieb für die 500 Teile braucht.

Wir haben es mit zwei Dreisätzen zu tun: Beim ersten Dreisatz betrachten wir nur die Anzahl der Maschinen und die Dauer der Fertigung. Die Anzahl der gefertigten Teile halten wir konstant. Weil mehr Maschinen weniger Zeit brauchen, handelt es sich um einen Dreisatz mit ungeradem Verhältnis (→ S. 11). Für den Lösungssatz brauchen Sie also die zweite Formel.

Aussagesatz:	5 Maschinen benötigen 12 Stunden (für 300 Teile)
Fragesatz:	6 Maschinen benötigen x Stunden (für 300 Teile)

Lösungssatz:	$x = \dfrac{5 \cdot 12}{6} = 10$ Stunden.

Für 300 Teile benötigen die sechs Maschinen 10 Stunden. Sie wollen aber 500 Teile fertigen. Hier handelt es sich um einen Dreisatz mit geradem Verhältnis (je mehr Stunden, desto mehr Teile → S. 9).

Aussagesatz:	(6 Maschinen fertigen) 300 Teile in 10 Stunden.
Fragesatz:	(6 Maschinen fertigen) 500 Teile in x Stunden.
Lösungssatz:	$x = \dfrac{500 \cdot 10}{300} = 16,66$ Stunden.

Im Prinzip können Sie auch drei, vier oder noch mehr Dreisätze zusammenschalten. In der Praxis kommt das allerdings kaum vor, denn mit jedem neuen Dreisatz bringen Sie einen neuen Parameter ins Spiel, gewissermaßen eine neue Stellschraube, an der Sie herumdrehen können. Da geht sehr schnell die Übersicht verloren. In vielen Fällen ist es daher zweckmäßiger zu vereinfachen als weitere Parameter auszurechnen, die Sie nur verwirren.

Nie mehr als drei Dreisätze zusammenschalten!

Neue Reinigungskräfte für den Supermarkt

Bislang sorgen fünf Reinigungskräfte im Supermarkt (Grundfläche 800 qm) für Sauberkeit. Weil das Geschäft in Zukunft eine Stunde länger geöffnet bleiben soll, verkürzt sich ihre Arbeitszeit von vier auf drei Stunden. Gleichzeitig wird die Verkaufsfläche auf 980 qm ausgeweitet. Wie viele Reinigungskräfte müssen zusätzlich eingestellt werden?

Im ersten Dreisatz untersuchen wir den Zusammenhang von Verkaufsfläche und Arbeitszeit (je höher der eine Wert, desto höher der andere; also ein Dreisatz mit geradem Verhältnis):

Aussagesatz:	(5 Reinigungskräfte) schaffen 800 qm in 4 Stunden.
Fragesatz:	(5 Reinigungskräfte) schaffen 980 qm in x Stunden.
Lösungssatz:	$x = \dfrac{980 \cdot 4}{800} = 4,9$ Stunden.

Für die größere Fläche würde das vorhandene Personal also knapp fünf Stunden benötigen. Da die Arbeitszeit aber auf drei Stunden verkürzt wird, berechnen wir nun den Zusammenhang zwischen der Anzahl der Reinigungskräfte und der Arbeitszeit (je mehr Personal, desto kürzer die Arbeitszeit, also ein Dreisatz mit ungeradem Verhältnis).

Aussagesatz: 5 Reinigungskräfte (schaffen 980 qm) in 4,9 Stunden.

Fragesatz: x Reinigungskräfte (schaffen 980 qm) in 3 Stunden.

Lösungssatz: $x = \dfrac{5 \cdot 4,9}{3} = 8,1666.$

Demnach brauchen Sie mindestens acht, also drei zusätzliche Reinigungskräfte. Was aber ist mit den 0,1666? Für diesen Betrag lohnt es sich vermutlich nicht, eine zusätzliche Kraft einzustellen. Doch wie viel bedeutet das in zusätzlicher Belastung für die acht Reinigungskräfte? Müssen sie ein paar Minuten länger arbeiten? Rechnen wir noch mal zurück (der Dreisatz bleibt gleich, also mit ungeradem Verhältnis):

Aussagesatz: 8,1666 Reinigungskräfte (schaffen 980 qm) in 3 Stunden.

Fragesatz: 8 Reinigungskräfte (schaffen 980 qm) in x Stunden.

Lösungssatz: $x = \dfrac{8,1666 \cdot 3}{8} = 3,0625 \text{ Stunden.}$

Jetzt müssen Sie allerdings die 0,0625 Stunden noch in Minuten umrechnen, denn bekanntlich besteht eine Stunde nicht aus hundert, sondern 60 Minuten: 60 · 0,0625 = 3,75. Und da eine Minute 60 Sekunden hat, sind 0,75 Minuten genau 45 Sekunden. Die Reinigungskräfte müssten also 3 Minuten 45 Sekunden länger arbeiten oder diese Zeit in den drei Stunden irgendwo einsparen.   ◄

Verteilungsrechnung

So legen Sie Kosten richtig um

Ein zweites grundlegendes Verfahren ist die Verteilungsrechnung. Dabei wird eine Gesamtsumme nach einem bestimmten Verteilerschlüssel auf Einzelpositionen verteilt. In der Praxis brauchen Sie die Verteilungsrechnung beispielsweise, um Gemeinschaftskosten auf verschiedene Produkte oder Abteilungen umzulegen (→ Kostenrechnung, S. 63) oder Prämien unter den Mitarbeitern aufzuteilen.

Summe und Schlüssel

Für die Verteilungsrechnung müssen Sie zunächst einmal die Gesamtsumme kennen, die es zu verteilen gilt. Dabei muss es sich keineswegs immer um Geldbeträge handeln. Sie können auch Mitarbeiter, Urlaubstage, Bürofläche oder den Inhalt einer Kaffeekanne aufteilen. Wichtig ist nur, dass die Ressource, die Sie da verteilen, begrenzt ist, dass sie möglichst gut teilbar ist und dass sie sich in eine Maßzahl fassen lässt. Und diese Maßzahl müssen Sie natürlich kennen.

Die zweite Größe, auf die es ankommt, ist der Verteilerschlüssel. In der Regel ist er nicht direkt gegeben, sondern muss erst noch festgelegt und/oder berechnet werden. Auch kann es vorkommen, dass ein vorhandener Verteilerschlüssel neu berechnet werden muss, weil eine wesentliche Änderung eingetreten ist oder der alte Schlüssel als ungerecht empfunden wird (→ S .21).

So legen Sie den Schlüssel fest!

Der Verteilungsschlüssel gibt Ihnen Auskunft darüber, wie groß der Anteil ist, den Sie der jeweiligen Position zuteilen müssen. Nehmen wir einen einfachen Fall: Sie machen mit einem Partner einen Stand auf dem Flohmarkt auf. Am Ende des Tages haben Sie Einnahmen in Höhe von 200 Euro in der Kasse. Das einfachste Verfahren wäre, die Summe in zwei gleiche Anteile zu zerlegen: Jeder bekommt hundert Euro.

Nun waren Sie allerdings nur drei Stunden am Stand, Ihr Partner allerdings die ganze Zeit über, nämlich acht Stunden. Sie einigen sich, die Einnahmen – gemäß Ihrer Anwesenheit am Stand und der Ihres Partners – zu teilen.

Addieren Sie alle Anteile zusammen

Dazu müssen Sie zunächst einmal die Beträge zusammenzählen, um die es gehen soll, die Beträge, die den Schlüssel festlegen. In unserem Beispiel ist das die Anwesenheit am Stand: Sie waren 3 Stunden anwesend, Ihr Partner 8 Stunden, ergibt zusammen 11 Stunden.

Rechnen Sie den Verteilungsfaktor aus

Da Sie nun die Anteile und die Gesamtsumme kennen, können Sie ganz einfach ausrechnen, wie viel jedem zusteht. Sie dividieren jeden Einzelbetrag durch die Gesamtsumme.

$$Verteilungsfaktor = \frac{Einzelbetrag}{Gesamtsumme}$$

Bezogen auf unser Beispiel heißt das: Der Verteilungsfaktor für Ihren Anteil ist 3 (Stunden)/11 (Stunden) = 0,272727. Entsprechend ist der Verteilungsfaktor für Ihren Kollegen 8/11 = 0,727272.
Die Summe aller Verteilungsfaktoren muss 1 sein. Wenn Sie viele Positionen haben, sollten Sie das überprüfen.

Berechnen Sie Ihren Anteil

Wie verteilen Sie nun die 200 Euro? Ganz einfach: Indem Sie den Verteilungsfaktor mit den 200 Euro multiplizieren. Ihr Anteil beträgt demnach 0,272727 · 200 = 54,5454 €. Der Anteil Ihres Partners (0,7272 · 200) 145,4545 €. Gerundet erhalten Sie 54,55 € und Ihr Partner 145,45 €. Die Gesamtsumme muss natürlich immer 200 Euro ergeben.

Praxis-Beispiel

Wer verbraucht wie viel Heizkosten?

In einer Maschinenfabrik fallen Heizkosten in Höhe von 38.200 € an. Sie sollen gemäß der Quadratmeterzahl unterschiedlichen Räumlichkeiten zugerechnet werden. Die Fertigungshalle ist 1.500 qm groß, das Materiallager 610 qm, die Verwaltungsräume haben zusammen eine Grundfläche von 490 qm.

Sie zählen alle Quadratmeter zusammen: 1.500 + 610 + 490 = 2.600 qm.

Für jede Räumlichkeit können Sie nun den Verteilungsfaktor berechnen: Fertigungshalle (1.500/2.600 = 0,5769); Materiallager (610/2600 = 0,2346) Verwaltungsräume (490/2.600 = 0,1885).

Multiplizieren Sie den Verteilungsfaktor mit den Gesamtkosten und Sie erhalten den gesuchten Kostenanteil:

Fertigungshalle	(0,5769 · 38.200 =)	22.037,58 €
Materiallager	(0,2346 · 38.200 =)	8.961,72 €
Verwaltung	(0,1885 · 38.200 =)	7.200,70 €

Machen Sie nun die „Gegenprobe" und rechnen die drei Anteile zusammen:
22.037,58 + 8.961,72 + 7.200,70 = 38.200.   ◀

Eine Frage der Gerechtigkeit: Der richtige Schlüssel

Welchen Verteilungsschlüssel Sie wählen, ist immer eine Ermessenssache. Im Grunde geht es darum, ein geeignetes Kriterium zu finden, das Ihnen Aufschluss darüber gibt, wie die Gesamtsumme möglichst gerecht aufzuteilen ist. Nun ist aber Gerechtigkeit ein sehr elastischer Begriff. Und die Kriterien müssen sich in „harte" Maßzahlen übersetzen lassen, was oftmals recht schwierig ist. Deshalb sind die Maßzahlen, die dem Schlüssel zugrunde liegen, eigentlich nur Annäherungen an das, was Sie eigentlich ermitteln möchten: nämlich wie stark jede einzelne Position zum Gesamtergebnis beiträgt.

Suchen Sie ein aussagekräftiges Kriterium

Sehr verbreitet sind zum Beispiel die folgenden Schlüssel:

- Größe (z.B. qm, Kubikmeter, Anzahl)
- Leistung (z.B. Arbeitsleistung in Stunden/ in Stückzahl/ nach Umsatz)
- Verbrauch (z.B. Kraftstoffe, Arbeitsmaterial)
- Finanzielle Kenngrößen (z.B. Höhe der Beteiligung, Gewinn)

Manchmal müssen Sie den Schlüssel etwas verbiegen, damit er passt

Die Maßzahlen, die dem Verteilungsschlüssel zugrunde liegen, sorgen nicht immer für ein „gerechtes" Ergebnis. Deshalb müssen Sie manchmal Kompromisse machen oder den Verteilungsschlüssel mühsam „austarieren". Vor allem wenn die betreffenden Einzelpositionen keine abstrakten Größen wie Kostenstellen oder Produktgruppen sind, sondern Menschen mit sehr unterschiedlichen Interessen. Dann müssen Sie sich letztlich auf einen Schlüssel einigen, der von allen als einigermaßen fair akzeptiert wird.

Die Bürogemeinschaft

Ein Grafikbüro, eine Werbeagentur und eine Steuerberatungskanzlei teilen sich einige Bürogeräte, von denen die drei Parteien in unterschiedlichem Maße Gebrauch machen. Die Steuerberatungskanzlei nutzt die Geräte am wenigsten und verlangt, dass die Kosten gemäß der Nutzung verteilt werden. Die Werbeagentur nutzt die Geräte am stärksten und macht geltend, dass die

Kanzlei genauso davon profitiert wie die beiden anderen Parteien, dass die Geräte vorhanden sind. Daher, so die Agentur, dürften nur die Nutzungs-, nicht aber die Anschaffungskosten entsprechend umgelegt werden. ◄

Kombinierte Schlüssel

Wenn es mehrere Einflussfaktoren gibt Kommen wir noch einmal zurück auf unser Beispiel mit dem Flohmarkt. Sie hatten mit Ihrem Partner den gemeinsamen Gewinn gemäß der Anwesenheit am Stand aufgeteilt. Eine Lösung, die ja einiges für sich hat. Nun könnte sich aber herausstellen, dass die Waren, die verkauft worden sind, fast alle von Ihnen stammen, während Ihr Partner größtenteils „Ladenhüter" beigesteuert hat. Dann werden Sie mit der Gewinnaufteilung nicht mehr zufrieden sein, sondern verlangen, dass dieser Umstand gebührend berücksichtigt wird.

Sie sichten den Warenbestand und stellen fest, dass 80 % der verkauften Ware vorher Ihnen gehörte. Die 200 Euro müssen neu aufgeteilt werden. Doch wie viel können Sie jetzt beanspruchen?

Legen Sie vorher fest, wie sich der Schlüssel zusammensetzt

Im Prinzip ist es kein Problem, einen Schlüssel aus mehreren Faktoren zusammenzusetzen. Sie müssen diese Faktoren dann nur zu einem Schlüssel zusammenziehen. Dazu addieren Sie die Verteilungsfaktoren und teilen die Summe durch die Anzahl der Schlüssel.

Bezogen auf das Flohmarktbeispiel: Wenn Sie sich einig sind, dass sowohl die Anwesenheit am Stand als auch der Besitz der verkauften Ware berücksichtigt werden sollen (und zwar gleichwertig), dann zählen Sie erst die beiden Verteilungsfaktoren zusammen.

Ihr Anteil:
0,272727 (Anwesenheit) + 0,8 (Eigentum an verkaufter Ware) = 1,072727.

Der Anteil Ihres Partners:
0,727272 (Anwesenheit) + 0,2 (Eigentum) = 0,927272.

Die Summe dieser beiden Verteilungsfaktoren ist 2 (entsprechend der Anzahl der Schlüssel). Also müssen Sie die beiden Verteilungsfaktoren durch 2 dividieren, um die beiden Anteile auszurechnen.

Ihr Anteil errechnet sich also folgendermaßen:
1,072727 dividiert durch 2 ist 0,5363636, multipliziert mit 200 €, ergibt rund 107,27 €.
Der Anteil Ihres Partners: 0,927272 / 2 = 0,463636, multipliziert mit 200 €, ergibt rund 92,73 €. Und wenn Sie die Gegenprobe machen: Beide Anteile ergeben zusammen 200 €.

Verteilungsrechnung hoch zwei

Bei der Verteilungsrechnung mit einem kombinierten Schlüssel bildet die Summe der Verteilungsfaktoren den Ausgangspunkt für eine zweite Verteilungsrechnung. So gesehen handelt es sich um eine Verteilungsrechnung mehrerer Verteilungsrechnungen, also um eine Verteilungsrechnung hoch zwei. Das klingt kompliziert, ist aber ganz einfach. Denn Sie müssen nur alle Verteilungsfaktoren zusammenaddieren und durch die Anzahl der Schlüssel teilen.   ◄

Gewichtete Schlüssel

Nun ist es nicht immer so, dass alle Faktoren gleichwertig sind, die in die Berechnung des Schlüssels eingehen. Bleiben wir beim Flohmarktbeispiel: Ihr Partner empfindet die Verteilung als ungerecht. Er meint, die Anwesenheit am Stand, also das Verkaufen, sei viel höher zu bewerten als der Besitz der Ware. Er kann Sie überzeugen und so kommen Sie überein, das Verkaufen gegenüber dem Eigentum doppelt zu bewerten.

Wenn Sie die einzelnen Faktoren unterschiedlich bewerten, dann gewichten Sie sie. In einem solchen Fall spricht man von einem „gewichteten Schlüssel". Um ihn zu berechnen, gehen Sie im Prinzip genauso vor wie eben geschildert. Der einzige Unterschied: Je nach Bedeutung des jeweiligen Kriteriums multiplizieren Sie die Beträge mit einem höheren Wert als 1 (= wichtiger) oder Sie lassen ihn unverändert.

Bei unserem Beispiel soll das Kriterium „Anwesenheit" doppelt so stark gewertet werden wie das Eigentum. Also müssen Sie den entsprechenden Verteilungsfaktor für die Anwesenheit mit 2 multiplizieren. Dadurch verändert sich aber die Gesamtsumme der Verteilungsfaktoren. Sie beträgt nicht mehr 2 (gemäß der Anzahl der Schlüssel), sondern 3 (gewissermaßen ein doppelter und ein einfacher Schlüssel).

Gewichteter Schlüssel am Flohmarktstand

Ihr Anteil: 0,272727 (Anwesenheit am Stand) · 2 = 0,545454. Addieren Sie 0,8 (Eigentum an verkaufter Ware) = 1,345454. Dividieren Sie durch 3 (Summe der gewichteten Schlüssel) = 0,448484. Das ist Ihr Verteilungsfaktor, den Sie mit der Verteilungssumme (200 €) multiplizieren müssen. Es ergibt sich ein gerundeter Wert von 89,70 €.

Der Anteil Ihres Partners: 0,727272 (Anwesenheit) · 2 = 1,454544. Addieren Sie 0,2 (Eigentum) = 1,654544. Dividiert durch 3 ergibt sich 0,5515146. Das ist der Verteilungsfaktor Ihres Partners. Multipliziert mit den 200 € errechnet sich ein Anteil von 110,30 €.

Gegenprobe: Beide Anteile ergeben zusammen 200 €.   ◀

Keine komplizierten Schlüssel

Im Prinzip können Sie den Rechenaufwand so weit treiben, wie Sie wollen. Nur sollten Sie dabei nicht vergessen: Ein komplizierter Schlüssel mag zwar gerechter sein als ein einfacher. Aber ein Schlüssel muss auch handhabbar sein, damit Sie damit effektiv arbeiten können. Deshalb sollte sich ein Schlüssel auf eine, höchstens zwei Maßzahlen beschränken.

Konstante und variable Schlüssel

Schlüssel bleiben gleich ...

Sofern sich beim Verteilungskriterium nichts ändert, bleibt auch der Verteilungsschlüssel konstant. Wenn Sie etwa die Verbrauchskosten für Wasser und Strom nach der Quadratmeterzahl an Nutzfläche umlegen, so können Sie bei jeder Abrechnung für jede Einzelposition immer wieder den gleichen Verteilungsfaktor verwenden. Ebenso wenn der Gewinn unter den Gesellschaftern gemäß ihrer Beteiligung umgelegt wird.

... oder ändern sich

Andere Schlüssel müssen Sie immer wieder neu berechnen, sie sind variabel, weil sie sich nach einer veränderlichen Größe richten (zum Beispiel wenn Sie nach Verbrauch, Umsatz oder Leistungsgrößen verteilen).

Schließlich gibt es noch den Fall, dass Sie einen konstanten Verteilungsschlüssel neu festlegen müssen, weil sich doch etwas verändert hat. Nehmen wir beispielsweise die Maschinenfabrik von Seite 20: Kommt eine zweite Fertigungshalle hinzu, so ändert sich der gesamte Verteilungsschlüssel. Alle Positionen müssen Sie neu berechnen, denn die Anteile der einzelnen Räumlichkeiten haben sich ja verschoben.

Die zweite Fertigungshalle

In der Maschinenfabrik (→ S. 20) wird eine zweite Fertigungshalle mit einer Grundfläche von 600 qm eröffnet. Dadurch erhöht sich die gesamte Grundfläche: 2.600 qm + 600 qm = 3.200 qm.

Zugleich verringert sich für jede Räumlichkeit der Verteilungsfaktor:

Erste Fertigungshalle	(1.500/3.200 =)	0,46875
Zweite Fertigungshalle	(600/3.200 =)	0,1875
Materiallager	(610/3.200 =)	0,190625
Verwaltungsräume	(490/3.200 =)	0,153125

Mehr Räume benötigen auch mehr Heizenergie. Die Heizkosten steigen auf 42.800 €. Daraus ergeben sich folgende Anteile.

Erste Fertigungshalle	(0,46875 · 42.800 =)	20.062,50 €
Zweite Fertigungshalle	(0,1875 · 42.800 =)	8025,00 €
Materiallager	(0,190625 · 42.800 =)	8.158,75 €
Verwaltung	(0,153125 · 42.800 =)	6.553,75 €.

Für die einzelnen Räume ergeben sich also deutlich geringere Kosten als zuvor. Woran mag das liegen? Entweder wurde in den einzelnen Räumen weniger Energie verbraucht als im Vorjahr. Oder aber der tatsächliche Heizkostenverbrauch der zweiten Fertigungshalle ist wesentlich geringer als es ihrer Grundfläche entspricht. Dies könnte ein Hinweis darauf sein, dass der Verteilungsschlüssel nicht optimal ist.   ◄

Durchschnittsrechnung

Sie können aufatmen: Nachdem wir die Spitzfindigkeiten der Verteilungsrechnung vor Ihnen ausgebreitet haben, wird es nun wieder wesentlich einfacher. Tatsächlich erfordert es kein besonderes mathematisches Geschick, einen Durchschnittswert auszurechnen. Doch ist dieser Wert in der Praxis häufig hilfreich. Er erleichtert Ihnen die Orientierung und kann dabei helfen, dass Sie realistischer und damit besser planen.

Mit dem Durchschnitt besser planen

Mit dem Durchschnittswert können Sie Lagerbestände beurteilen, Kosten und Preise vergleichen sowie den Umsatz pro Mitarbeiter im Auge behalten.

Außerdem können Sie geschäftliche Entwicklungen genauer verfolgen, wenn Sie sich an den Durchschnittwerten orientieren.

Mit dem Durchschnitt rechnen ist bequem

Der Durchschnittswert ist eine realistische Normgröße, mit der Sie rechnen und planen können. Sie müssen nicht jeden Einzelfall berücksichtigen und kommen dennoch zu einem brauchbaren Ergebnis. ◄

Der einfache Mittelwert

Wenn wir vom Durchschnittswert sprechen, meinen wir in aller Regel den einfachen Mittelwert oder – wie ihn die Fachleute nennen – das „arithmetische Mittel". Dieser Wert ist leicht zu berechnen: Sie addieren die Werte aller Elemente und teilen den Betrag durch die Anzahl der Elemente.

$$Arithmetisches\ Mittel = \frac{Summe\ aller\ Elemente}{Anzahl\ aller\ Elemente}$$

Der durchschnittliche Lagerbestand

Jeweils am Monatsende überprüft ein Kaufmann den Bestand seines Warenlagers. Dabei kommt er auf folgende Werte:

Januar: 151.900 €; Februar: 128.600 €; März: 107.300 €; April: 182.500 €; Mai: 170.200 €; Juni: 130.300 €; Juli: 110.700 €; August: 90.800 €.

Für den Durchschnittswert addiert er die Werte aller Monate (151.900 + 128.600 + 107.300 ... + 90.800). Das Ergebnis: 1.072.300 €. Diesen Betrag teilt er durch die Anzahl der Monate, also 8. Daraus ergibt sich der Durchschnittwert: 134.037,50 €. ◄

Was lässt sich aus dem Mittelwert ablesen?

Besser planen   Mittelwerte lassen sich auf zweifache Weise betrachten: Einmal geben sie Aufschluss darüber, wovon Sie realistischerweise bei Ihrer Planung ausgehen können. Wenn Sie wissen, dass in Ihrem Betrieb die durchschnittlichen

Energiekosten 3.900 € pro Monat betragen, können Sie das in Ihrem Budget entsprechend berücksichtigen. Mittelwerte erleichtern also die Planung.

Auf der anderen Seite kann Ihnen der Mittelwert dabei helfen, jeden einzelnen Wert angemessener zu beurteilen. Der Mittelwert ist ein relativ verlässlicher Bezugspunkt. Wenn der neue Verkäufer einen Umsatz erzielt, der über dem Durchschnitt liegt, ist das ein gutes Zeichen. Erreichen die Fehltage von Mitarbeiter Müller einen weit überdurchschnittlichen Wert, so sollte das die Aufmerksamkeit eher erregen als wenn sich Müllers Fehltage im Rahmen halten.

Einzelne Fälle besser beurteilen

Je mehr Werte Sie berücksichtigen, um so aussagekräftiger ist der Mittelwert.

Auf der anderen Seite kann der Mittelwert Sie auch zu Fehlschlüssen führen, denn es kommt immer darauf an, was alles in den Mittelwert mit eingeht. Vor allem wenn die Zahl der Fälle gering ist, besteht die Gefahr, die tatsächlichen Verhältnisse falsch einzuschätzen. Allgemein gesprochen ist der Mittelwert um so stabiler und aussagekräftiger, je mehr Werte in ihn eingehen.

Ausnahmen und Ausreißer

Mittelwerte können durch „Ausreißer" nach oben oder unten stark verzerrt werden.

Herr Müllers Jahrhundertauftrag

Wenn zum Beispiel Mitarbeiter Müller einen „Jahrhundertauftrag" mit einem außergewöhnlich großem Volumen abschließt, dann könnte das den Mittelwert in unrealistische Höhen treiben. In den Folgemonaten wird dieses Ergebnis nicht wieder erreicht, was die Geschäftsführung stark beunruhigt, obwohl es dafür keinen Anlass gibt, da sich die Entwicklung lediglich normalisiert hat.

Anderes Beispiel: Das Weihnachtsgeschäft. Eine Firma, die ein Drittel ihres Umsatzes in der Vorweihnachtszeit erwirtschaftet, wäre schlecht beraten, die Werte von Januar bis September zur Grundlage ihrer Planung für die verbleibenden Monate zu machen.

Wie lassen sich Ausreißer berücksichtigen?

Sie haben drei Möglichkeiten, solche Verzerrungen zu vermeiden:

Ausnahmen vernachlässigen • Entweder rechnen Sie die Ausnahmen einfach nicht mit. Das hat allerdings manche Nachteile. Denn die Ausnahmen und Ausreißer beeinflussen ja das Ergebnis. Wenn Sie die Werte also wieder herausrechnen, bekommen Sie vielleicht ein normales Ergebnis, aber kein zutreffendes, denn die Verhältnisse waren nun einmal nicht normal.

Ergebnisse glätten • Oder Sie versuchen das Ergebnis irgendwie zu glätten. So könnten Sie die ausnahmsweise hohen Werte verteilen oder die Ergebnisse unterschiedlich gewichten. Beispielsweise könnten Sie für bestimmte Monate, von denen Sie wissen, dass sie besonders umsatzschwach sind, einen Ausgleichsfaktor einführen. Der Nachteil: Solche Verfahren sind sehr umständlich, außerdem müssen Sie im Grunde schon wissen, welche Werte für eine bestimmte Phase durchschnittlich sind.

Median • Oder Sie berechnen nicht (nur) das arithmetische Mittel, sondern (auch) den so genannten „Median" (siehe unten). Damit fallen alle Ausreißer heraus und Sie kümmern sich tatsächlich nur um die breite Mitte.

Der Median

Ein Mittelwert zum Abzählen Der Median ist ein Mittelwert, bei dem Sie nicht rechnen, sondern vielmehr abzählen müssen. Er wird auch „Zentralwert" genannt. Um ihn zu erhalten, addieren Sie die einzelnen Beträge nicht zusammen wie beim arithmetischen Mittel, sondern lassen sie unverändert stehen. Was Sie hingegen tun müssen: Die Werte ordnen. Dabei spielt es für das Ergebnis keine Rolle, ob die Beträge aufsteigend oder absteigend angeordnet sind.

Sie müssen abzählen

Auch bei der Bestimmung des Medians müssen Sie wissen, wie viele Elemente in Ihre Rechnung eingehen. Der Wert, der in der geordneten Reihe genau in der Mitte liegt, ist der Median. Anders gesagt: Es gibt genauso viele Werte, die unter dem Median liegen, wie Werte, die höher sind als der Median.

Wo befindet sich der Median? An der Stelle, an der gilt: Die Anzahl der höheren Werte ist gleich der Anzahl der niedrigeren Werte.

Wenn Sie zum Beispiel 39 Messwerte für Ihren Umsatz haben, dann nehmen Sie den 19. Wert aus der Reihe. Es gibt nämlich 18 Werte die niedriger sind, und 18 Werte, die höher liegen. Das ganze lässt sich auch in einer Formel ausdrücken:

$$Position\ des\ Medians = \frac{Anzahl\ der\ Messwerte}{2} + 0{,}5$$

Ein hypothetischer Median

Auf diese Weise kommen Sie natürlich nur dann auf einen Median, wenn die Anzahl der Messwerte ungerade ist. Wenn Sie beispielsweise 40 Messwerte haben, dann ist weder der 19. noch der 20. Wert der Median. Denn beim 19. Wert gibt es 18 Werte, die niedriger liegen, jedoch 19 die höher sind. Und beim 20. Wert gibt es 19 niedrigere Werte und nur 18 höhere.
Der Median muss sich also irgendwo zwischen diesen beiden Werten befinden. Es handelt sich gewissermaßen um einen hypothetischen Median, den Sie erschließen müssen. Dabei können Sie sich auf einfache Weise behelfen: Sie berechnen nämlich das arithmetische Mittel zwischen den beiden Nachbarwerten.

Die mittlere Auftragsgröße

Sie analysieren für Ihre Firma die Aufträge der vergangenen Monate. Dazu möchten Sie zunächst den Median bestimmen. In Ihre Analyse gehen 514 Aufträge ein. Sie ordnen alle Aufträge nach Ihrer Größe. Gemäß der Formel befindet sich der Median an folgender Stelle: (514 / 2) + 0,5 = 257,5. Das heißt, zwischen dem 257. und dem 258. Wert. Der 257. Wert lautet 568,30 €, der 258. Wert 573,70 €. Sie bilden also einen „hypothetischen" Median, indem Sie das arithmetische Mittel aus beiden Werten berechnen: (568,30 € + 573,70 €) / 2 = 1142 / 2 = 571,00 €.   ◄

Median und arithmetisches Mittel

Für Ihre Analyse ist es aufschlussreich, wenn Sie beide Werte miteinander vergleichen: Den Median und das arithmetische Mittel. Liegen sie nahe beieinander, ist die Verteilung der Werte recht ausgewogen. Ist der Median wesentlich niedriger als das arithmetische Mittel, so spricht das dafür, dass Sie einige „Ausreißer" nach oben haben, einen Großauftrag, einen Großkunden, ein kurzzeitig überfülltes Lager oder ein völlig überhöhter Ausnahmepreis, den Sie bezahlt haben, je nachdem was Sie gerade analysieren. Liegt der Median deutlich über dem arithmetischen Mittel, müssen Sie die „Ausreißer" im unteren Bereich suchen: Schwundformen, verunglückte Projekte oder Komplettausfälle, die Ihnen die Bilanz „verhageln". Unter Umständen ergibt sich daraus auch der Hinweis, dass ein oder zwei Fehlschläge weitreichende Folgen für das Gesamtergebnis haben.

Experten-Tipp

Richtig rechnen genügt nicht!

Es hilft Ihnen gar nichts, wenn Sie die Werte richtig ausrechnen, aber nicht wissen, was das Ergebnis überhaupt aussagt. Viel wichtiger als dass die dritte Stelle hinter dem Komma stimmt, ist Ihre Fähigkeit, das Ergebnis zutreffend zu deuten.   ◄

Der „gewichtete" Durchschnitt

Durchschnitts-
wert bei
Mischungen

Wenn Sie das arithmetische Mittel berechnen oder den Median bestimmen, haben Sie es immer mit gleichartigen Elementen zu tun. Sie können immer nur eine Eigenschaften untersuchen, zum Beispiel das Durchschnittsgewicht oder den Durchschnittspreis einer Ware. Was aber tun Sie, wenn Ihr Untersuchungsobjekt zusammengesetzt ist und zwei Eigenschaften zugleich eine Rolle spielen? Wenn Sie etwa den Durchschnittspreis von drei Sorten Kaffee wissen möchten, die in unterschiedlicher Menge in das Mischungsverhältnis eingehen? Dann müssen Sie „gewichten", anders gesagt: Sie müssen die gerade erlernte Verteilungsrechnung (→ S. 18) auf die Durchschnittsrechnung anwenden.

Die richtige Mischung macht's

Eine Kaffeerösterei mischt drei Sorten Kaffee: Sorte A kostet 19,80 € je Kilo; davon werden 4 kg genommen. Sorte B kostet 17,10 €; davon werden 10 kg genommen. Und Sorte C kostet 14,00 €; davon werden 6 kg genommen.

Wie Sie es von der Verteilungsrechnung her kennen, berechnen Sie als erstes die Anteile jeder Sorte. Dazu müssen Sie das Gesamtgewicht kennen: 4+10+6= 20 kg. Nun bestimmten Sie den Verteilungsfaktor jeder Sorte: Sorte A: 4 / 20 = 0,2. Sorte B: 10 / 20 = 0,5. Sorte C: 6 / 20 = 0,3.

Den Verteilungsfaktor multiplizieren Sie mit jedem Betrag für die Kosten: Sorte A: 0,2 · 19,80 € = 3,96 €. Sorte B: 0,5 · 17,10 € = 8,55 €. Sorte C: 0,3 · 14 € = 4,20 €. Sie addieren die drei Beträge zusammen und bekommen den gewichteten Durchschnittspreis für die Kaffeemischung je Kilo: 3,96 + 8,55 + 4,2 = 16,71 €.   ◄

Was geschieht, wenn Sie das Mischungsverhältnis ändern?

Der „gewichtete Durchschnitt" gibt Ihnen nicht nur darüber Auskunft, wie viel ein bestimmtes Mischungsverhältnis kostet, wiegt oder einbringt. Vielmehr können Sie mit seiner Hilfe berechnen, welche Folgen es hat, wenn Sie das Mischungsverhältnis ändern. Wenn Sie beispielsweise den Anteil von Sorte A und Sorte C erhöhen und von Sorte B senken. Wie ändert sich der Preis? Lässt sich der Preis der Mischung noch weiter senken, ohne dass die „billige" Sorte C dominiert?

Selbstverständlich können Sie auf diese Weise auch eine „ideale" oder zumindest eine Wunschmischung berechnen. Allerdings müssen Sie dazu schon etwas mehr Rechenarbeit aufwenden.

Wie Sie eine Wunschmischung berechnen können

Bleiben wir beim Beispiel der gemischten Kaffeesorten. Nehmen wir an, Sie möchten Ihre Kosten auf 16 Euro drücken. Gleichzeitig aber wollen Sie den Anteil der geschmacksveredelnden Sorte A erhöhen, von derzeit 4 kg auf 5 kg (bezogen auf 20 kg). Wie müssen Sie rechnen?

Notieren Sie, was alles bekannt ist. Über Sorte A wissen Sie alles, was Sie brauchen. Außerdem kennen Sie bereits den Gesamtpreis. Gesucht sind für die Sorten B und C die Verteilungsfaktoren, die wir b und c nennen wollen.

Sie können Sorte A einfach aus der Mischung herausrechnen. Der Verteilungsfaktor a von Sorte A beträgt 0,25 (5 von 20 kg). Bei einem Preis von 19,80 Euro ergibt sich ein Kostenanteil pro Kilo von 4,95 Euro. Diesen Betrag ziehen Sie von den Gesamtkosten ab, die Sie erreichen wollen: 16 – 4,95 = 11,05 Euro. Das Ergebnis bezeichnet die Kosten, die die Sorten B und C verursachen dürfen.

Aus dem obigen Beispiel wissen Sie hoffentlich noch: Die Gesamtkosten ergeben sich, wenn Sie den Kilopreis der Sorten mit dem Verteilungsfaktor multiplizieren und dann addieren. Daraus ergibt sich die folgende Gleichung 17,1 · b + 14 · c = 11,05 Euro. Diese Gleichung können Sie noch nicht auflösen. Erst eine zweite Gleichung hilft Ihnen. Da die Summe aller Verteilungsfaktoren 1 sein muss, gilt: a + b + c = 1. Nun kennen Sie a bereits und können einsetzen: 0,25 + b + c = 1, umgeformt: b + c = 0,75. Nun müssen Sie nach b oder c auflösen: b = 0,75 – c.

Diesen Wert für b setzen Sie einfach in die erste Gleichung ein: 17,1 (0,75 – c) + 14 · c = 11,05. Nun rechnen Sie: 12,825 – 17,1c + 14c = 11,05. Ergibt: 3,1c = 1,775. Daraus folgt: c = 0,5725.

Setzen Sie den Wert für c in die zweite Gleichung ein: b = 0,75 – 0,5725. Daraus folgt b = 0,1775. Jetzt kennen Sie das Mischungsverhältnis aller drei Sorten. 20 Kilo bestehen demnach aus:

Sorte A: 20 · 0,25 = 5 kg. Sorte B: 20 · 0,1775 = 3,55 kg. Sorte C: 20 · 0,5725 = 11,45 kg.   ◀

Mit Durchschnittswerten Entwicklungen verfolgen

Durchschnittswerte müssen sich nicht immer auf die Gesamtheit aller verfügbaren Daten beziehen. So dass sich mit jedem neuen Ei, das eine Henne legt, der Wert für das Durchschnittsei ändert. Vielmehr können Sie für bestimmte Zeiträume Durchschnittswerte bilden. Also beispielsweise die durchschnittliche Dauer eines Kundentelefonats für den Monat Mai. Oder den durchschnittlichen Wert einer Bestellung für das dritte Quartal.

Mit vielen Messwerten Tendenzen erkennen

Diese periodische Erhebung von Durchschnittswerten ist natürlich nur dann sinnvoll, wenn ausreichend viele Messwerte verfügbar sind. So wäre es wenig zweckmäßig, wenn Sie aus Ihrem monatlichen Einkommen für jedes

Quartal einen Durchschnittswert bilden würden. Drei Messwerte haben zu wenig Gewicht, um daraus einen Durchschnittswert zu bilden.

Aber wenn ein Versandhandel das durchschnittliche Bestellvolumen seiner Kunden untersucht und für jeden Monat einen neuen Wert bildet, dann können an der Veränderung des Durchschnittswerts wichtige Tendenzen ablesbar sein.

Zugespitzt formuliert: Diese Tendenzen lassen sich überhaupt nur durch solche periodischen Durchschnittswerte erkennen. Vor allem wenn die einzelnen Messwerte eine starke Schwankungsbreite aufweisen.

Welche Lebenserwartung haben wir?

Ein anschauliches Beispiel ist die Entwicklung der Lebenserwartung. Dass Menschen heute eine höhere Lebenserwartung haben als früher, erkennen wir ausschließlich daran, dass der Durchschnittswert gestiegen ist und weiter ansteigt. Einzelne Menschen haben schon früher ein sehr hohes Alter erreicht, auf der anderen Seite sterben einzelne Menschen auch heute noch sehr früh. Was wir beobachten, ist nicht der konkrete Einzelfall, sondern die Bewegung eines zeitlich gebundenen Durchschnittswerts.　◄

Was Sie über Prozente und Zinsen wissen müssen

Kein Zweifel, das Rechnen mit Prozenten gehört ebenfalls zu den Grundlagen kaufmännischen Rechnens. Weil es aber etwas mehr umfasst als eine Formel mit zwei, drei Varianten, haben wir ihm ein eigenes Kapitel gewidmet. Der große Vorteil des Prozentrechnens: Sie können Zahlenverhältnisse besser durchschauen und Vergleiche anstellen, auch wenn sich die Größenverhältnisse beträchtlich unterscheiden. Prozentrechnen hilft Ihnen, komplexe Sachverhalte schnell und sicher zu beurteilen: Bei Rabatten, Renditen, Zinserträgen oder auch bei der Auslastung von Maschinen. Ebenso können Sie Entwicklungen mit Hilfe von Prozentzahlen darstellen, beispielsweise wie stark Ihr Umsatz im vergangenen Jahr gestiegen oder gesunken ist.

Prozentrechnung ist Vergleichsrechnung

Ein einheitlicher Vergleichsmaßstab

Prozentrechnen macht vieles vergleichbar, was Sie sonst nicht vergleichen könnten. Dabei geht es immer um eine Gesamtheit und bestimmte Anteile daran. Wie hoch der Betrag auch immer sein mag, für die Gesamtheit wird immer der Wert 100 gesetzt. Prozent heißt schließlich auch nichts anderes als „bezogen auf hundert". Ein Prozent ist demnach ein Anteil von hundert.

Praxis-Beispiel

Vergleichen Sie Äpfel mit Birnen

Als Obsthändler haben Sie 200 Äpfel einer bestimmten Sorte gekauft, von denen 10 faul sind. Und 80 Birnen einer Sorte, von denen ebenfalls 10 faul sind. Mit der Prozentrechnung können Sie die Verderblichkeit beider Sorten vergleichen. Bei der Apfelsorte beträgt der „Verfaulungsgrad": 10 von 200 oder 5 %. Bei der Birnensorte: 10 von 80 oder 12,5 %. Der „Verfaulungsgrad" der Birnensorte ist also mehr als doppelt so groß. ◄

Wie Sie Anteile berechnen und vergleichen

Die erste Frage, die Sie klären müssen: Was ist die Gesamtheit, von der Sie ausgehen? Dabei sind die unterschiedlichsten Mengen und Maßeinheiten denkbar: Dreißig Tage, vier Kilo oder die Gesamtbevölkerung Deutschlands. Diese Gesamtheit nennt man den „Grundwert". Der Grundwert ist Ihr Orientierungsmaß. Er entspricht immer 100 %.

Wie hoch ist der Anteil am Grundwert?

Bei der Prozentrechnung betrachten Sie unterschiedliche Anteile und betrachten sie immer im Verhältnis zum jeweiligen Grundwert. Die Anteile drücken Sie in Prozentzahlen aus. Die Prozentzahl berechnen Sie nach der folgenden Formel:

$$Prozentzahl = \frac{Anteil}{Gesamtmenge} \cdot 100$$

Wenn also von 10 Angestellten 3 erkrankt sind, so beträgt der Krankenstand (3/10 · 100) 30 %. Wenn sich die Zahl der Angestellten auf 12 erhöht, ändert sich die Gesamtmenge und damit auch die Prozentzahl. Fehlen nun drei Angestellte, so beträgt der Krankenstand (3/12 · 100) nur noch 25 %.

Im Prinzip können Sie ganz kleine mit ganz großen Mengen vergleichen. Liegt in einer kleinen Firma der Krankenstand bei 25 %, so ist er – prozentual gesehen – wesentlich höher als bei einer großen Firma, bei der nur 5 % fehlen. Auch wenn in der kleinen Firma nur 3 Angestellte fehlen und in der großen 300.

Experten-Tipp

Durch Prozentrechnung zu mehr Übersicht

Prozentzahlen geben Ihnen genaue Auskunft über Zahlenverhältnisse. Das macht es leichter zu vergleichen: Kosten, Leistungen oder Mengenverhältnisse. Umrechnen ist überflüssig. Darüber hinaus sind Prozentzahlen so sehr verbreitet, dass wir uns an den Umgang mit ihnen gewöhnt haben und es regelrecht im Gefühl haben, was eine Angabe wie 10 % oder 60 % bedeutet. ◀

Wie viel sind 3,48 % Prozent?

Nicht immer geht es darum, einen bestimmten Wert in Prozente umzurechnen. Auch der umgekehrte Fall kommt vor: Sie möchten wissen, welcher Betrag einer bestimmten Prozentzahl entspricht. Etwa wenn Sie eine
bestimmte Gebühr oder die Mehrwertsteuer (→ S. 44) berechnen wollen.
Dann müssen Sie die erste Formel nur etwas anders auflösen:

Prozente in Mengen umrechnen

$$Anteil = \frac{Prozentzahl \cdot Gesamtmenge}{100}$$

Vermittlungsprovision

Sie schließen über einen Vermittler einen Kaufvertrag in Höhe von 200.000 €
ab. Der Vermittler verlangt eine Provision von 9,28 %. Wenn Sie die
Beträge in die Formel einsetzen, ergibt sich folgende Rechnung:
(9,28 · 200.000) / 100 = 18.560. Die Provision beträgt also 18.560 €. ◄

Teilen Sie den Kuchen in Prozente

In der einfachsten Form der Prozentrechnung sind die Anteile, die Sie berechnen, in der Gesamtmenge enthalten. Der Grundwert ändert sich nicht.
Zum Beispiel: Firma Schulz erzielt 30 % ihres Umsatzes mit reinen Serviceleistungen, der Fruchtanteil in einem bestimmten Saft beträgt 60 %, 10 %
der Äpfel haben Druckstellen. Sie teilen gewissermaßen einen Kuchen in
lauter kleine Einzelteile, deren Summe 100 beträgt, 100 Prozent sind sozusagen der ganze Kuchen, der so genannte „reine Grundwert".
Weil das so ist, können Sie von einer bekannten Prozentzahl auf den unbe-
kannten Rest schließen: Die Firma Schulz erzielt 70 % ihre Umsatzes mit
anderen Leistungen als dem reinen Service, der Fruchtsaft besteht zu 40 %
aus „fremden" Bestandteilen und 90 % der Äpfel haben keine Druckstellen.

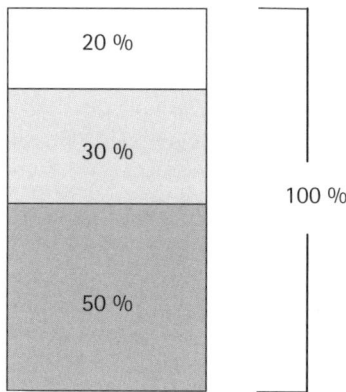

reiner
Grundwert

Reiner Grundwert
Ein Ganzes wird geteilt, so daß die Prozentzahlen den Anteil bezeichnen.

Rechnen Sie mit vermehrten oder verminderten Grundwerten

Prozentrechnen
mit Verände-
rungen

Doch bei der statischen Bestimmung von Anteilen bleibt die Prozentrechnung nicht stehen. Der schwierigere, aber auch interessantere Teil der Prozentrechnung (etwa auch die Zinsrechnung) betrachtet den „reinen" Grundwert nur als Orientierungsmaß. Das heißt, Sie drücken auch Mengenangaben, die *nicht* zur Gesamtmenge gehören, in Prozentzahlen aus. Wenn Sie Ihren Umsatz um 10 % steigern oder ein Sack Kaffee beim Rösten einen Gewichtsverlust von 12 % erleidet, so sind diese Größen eben (noch) nicht in der Gesamtmenge enthalten. Vielmehr tritt eine Veränderung ein, die Sie mithilfe von Prozentzahlen beschreiben.

Verwechseln Sie nicht die Grundwerte

Ein häufiger Fehler: Die Prozentzahlen werden nicht auf den „reinen", sondern auf den vermehrten bzw. verminderten Grundwert bezogen. Dadurch bekommen Sie natürlich falsche Ergebnisse. Denken Sie also immer daran: Nur der „reine Grundwert" entspricht 100 %.

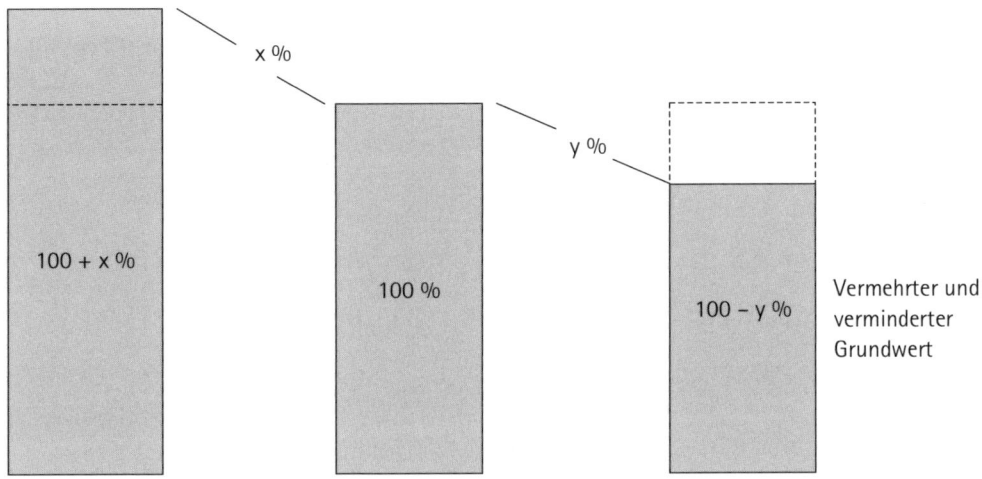

Vermehrter Grundwert
Reiner Grundwert (100 %) + Anteil (x %)
= vermehrter Grundwert (100 + x %)

Verminderter Grundwert
Reiner Grundwert (100 %) – Anteil (y %)
= verminderter Grundwert (100 – y %)

Sie müssen sich klarmachen, von welcher Größe Sie ausgehen (= reiner Grundwert). Und welche Größe das *Ergebnis* einer bestimmten Veränderung ist (= vermehrter/verminderter Grundwert). Wenn Sie es mit einer Zunahme zu tun haben (z.B. Umsatzsteigerung) ist der Anteil, den Sie untersuchen, *nicht* im reinen Grundwert enthalten, sondern im vermehrten. Im Grunde ist das ganz einfach, und dennoch lassen sich viele dadurch verwirren.

Wie viel Prozent Maklergebühr sind im Kaufpreis enthalten?

Sie erwerben eine Immobilie für 518.000 Euro. Das erscheint Ihnen zwar ein stolzer Preis zu sein, doch gibt Ihnen der Makler zu bedenken, dass in diesem Kaufpreis bereits die Maklergebühr in Höhe von 3,48 % enthalten sei. Wie hoch ist die Maklergebühr und wie hoch der „reine" Kaufpreis?

Der Makler rechnet Ihnen vor: 3,48 % von 518.000 Euro sind 18.026,40 Euro; demnach liegt der „reine" Kaufpreis unter 500.000 Euro.

Geschult durch unseren Crashkurs werden Sie stutzig und rechnen noch einmal nach: Die 3,48 % beziehen sich ja nicht auf den vermehrten Grundwert, also den „Inklusivpreis" mit Maklergebühren, sondern auf den reinen Grundwert, also auf den Verkaufspreis ohne die Provision.

Nach den Regeln des Dreisatzes müssen Sie rechnen (wie Sie die auf die Prozentrechnung anwenden, erklären wir Ihnen gleich):

Aussagesatz:	103,48 % (= Verkaufspreis mit 3,48 % Maklergebühren) entspricht 518.000 €.
Fragesatz:	100 % entspricht x €.
Lösungssatz:	$x = \dfrac{518000 \cdot 100}{103,48} = 500579,82$ €.

Die Provision beträgt also 518.000 – 500.579,82 = 17.420,18 €, damit liegt sie um 606,22 € niedriger, als der Makler behauptet.   ◄

Dreisatz in der Prozentrechnung

Bei der Prozentrechnung können Sie oftmals auf die Dreisatzrechnung (→ S. 9) zurückgreifen. Sie müssen dabei nur eine Besonderheiten der Prozentzahlen im Auge behalten. Diese Zahlen bezeichnen immer Anteile einer bestimmten Ganzheit, die Sie vorher festsetzen. In manchen Fällen lassen sich Anteile nicht beliebig vermehren. Anders gesagt: Sie können zwar die Anzahl von Äpfeln bis ins Unendliche erhöhen, nicht jedoch den Fruchtanteil beim Apfelsaft. Der kann eben niemals zu 110 % aus Äpfeln bestehen. Näheres dazu im nächsten Abschnitt „Die Eigenarten von Prozentzahlen".

Prozentrechnen als Währungsrechnen

Jedoch lassen sich diese Klippen leicht umschiffen und so ist die Dreisatzrechnung auch dann sehr nützlich, wenn Sie mit Prozenten umgehen. Mit gewissen Einschränkungen können Sie die Prozentrechnung als eine Art Währungsrechnung (→ S. 13) auffassen, bei der Sie bestimmte Maßangaben (wie Menge, Gewicht, Geldeinheiten) in die „Währung" der Prozente umrechnen.

Wie stark steigt der Umsatz?

Der Umsatz Ihres Unternehmens lag im Vorjahr bei 395.030 Euro. In diesem Jahr beträgt er 430.180 Euro. Sie möchten wissen, wie stark er gestiegen ist.

Dazu ziehen Sie den Vorjahresumsatz vom diesjährigen Umsatz ab: 430.180 – 395.030 = 35.150 Euro. Diesen Differenzbetrag haben Sie also mehr umgesetzt.

Wenn Sie die prozentuale Steigerung wissen möchten, brauchen Sie nur umzurechnen. Für den „reinen Grundwert" (Vorjahresumsatz) rechnen Sie 100 %. Der „Umrechnungskurs" beträgt also: 395.030 = 100 %. Da Sie wissen möchten, wie viel 35.150 in Prozenten ausmacht, lösen Sie die Rechnung in folgenden Dreisatz auf:

Aussagesatz:	395030 Euro entsprechen 100 Prozent.
Fragesatz:	35150 Euro entsprechen x Prozent.
Lösungssatz:	$x = \dfrac{35150 \cdot 100}{395030} = 8{,}898\ \%.$

Der Umsatz ist also um 8,898 % gestiegen.   ◄

Grundfrage: Was ist der reine Grundwert?

Damit Sie Ihren „Umrechnungskurs" richtig berechnen, müssen Sie den reinen Grundwert (= 100 %) immer korrekt festlegen. Das heißt, Sie brauchen einen angemessenen Bezugspunkt, bei dem Sie Ihr Zählwerk auf 100 % stellen. Welcher das ist, hängt ganz von Ihrer Fragestellung ab. Folgende Orientierungsmarken sind sinnvoll.

- Der Zustand am Anfang des betrachteten Zeitraums. Beispiel: Ihr Vermögen vor fünf Jahren betrug 100.000 Euro. Um wie viel Prozent ist es mittlerweile gestiegen?

Orientierungsmarken für den Grundwert

- Ein angestrebtes Ziel. Beispiel: Sie haben sich vorgenommen, in diesem Jahr Ihren Umsatz auf 400.000 Euro zu erhöhen. Zu wie viel Prozent haben Sie dieses Ziel erreicht?
- Die eingesetzten Mittel. Beispiel: Sie besitzen ein Wertpapierdepot und haben im Laufe der Jahre mit allen Nebenkosten und Gebühren insgesamt 250.000 Euro investiert. Wie viel ist das Depot heute wert? Um wie viel Prozent hat sich der Wert nach oben/unten entwickelt?

Vorsicht bei wechselnden Grundwerten!

Wenn Sie eine längere Entwicklung betrachten, kann es vorkommen, dass sich der reine Grundwert immer wieder verschiebt. Dadurch ergeben sich oft starke Verzerrungen. Es ist so ähnlich, als würden Sie mit einem Zentimetermaß messen, das bei jeder Messung seine Länge ändert.

Der Grundwert
wandert

Nehmen Sie die Umsatzentwicklung eines Unternehmens. Wenn Sie in jedem Jahr nur die Entwicklung im Vergleich zum Vorjahr betrachten, „wandert" der reine Grundwert von Jahr zu Jahr. Haben Sie in einem Jahr ein sattes Umsatzplus erzielt (= vermehrter Grundwert), so müssen Sie im folgenden Jahr diesen Wert zu Ihrem reinen Grundwert machen. Und Sie müssen ihn nach Möglichkeit übertreffen, wollen Sie keine „Umsatzeinbuße" erleiden.

Ähnliche Verzerrungen gibt es aber auch in der Gegenrichtung: Ist das Geschäft in einem Jahr fast zum Erliegen gekommen, so bewirkt die bescheidenste Erholung im Folgejahr einen kolossalen prozentualen Zuwachs, der gar nicht stattgefunden hat.

Experten-Tipp

Ein einziger Grundwert genügt

Wollen Sie sich ein angemessenes Bild über eine längerfristige Entwicklung machen, so brauchen Sie einen festen Grundwert. Zum Beispiel nehmen Sie den Wert am Anfang des Zeitraums, den Sie überblicken möchten und machen ihn zu Ihrem einzigen „reinen" Grundwert (sein Wert entspricht also 100 %). Alle nachfolgenden Werte beziehen Sie nur auf diesen Anfangswert. Schwankungen, „Normalisierungen" werden leichter erkennbar, die angesprochenen Verzerrungen vermieden. Mit diesem Verfahren verlassen Sie die reine Prozentrechnung und praktizieren die „Indexrechnung" (→ S. 59). ◄

Vorsicht vor negativen Werten!

Ebenso problematisch ist es, wenn Sie mit negativen Werten rechnen müssen. Möchten Sie beispielsweise Ihr Betriebsergebnis verfolgen und haben in einem Jahr einen Gewinn von 80.000 Euro erzielt, im nächsten Jahr einen Verlust von 30.000 Euro erlitten, so können Sie die Werte nicht im Sinne der Prozentrechnung aufeinander beziehen.

positive und
negative Werte
nicht vermi-
schen

Gewinn und Verlust, Plus und Minus müssen Sie sorgsam voneinander trennen. Sie können nur in eine Richtung rechnen. Das heißt, solange Sie sich ausschließlich im Verlustbereich bewegen, ist es prinzipiell möglich, in Prozenten zu rechnen. Wenn die Betriebsschulden von 3.000.000 Euro auf 2.250.000 Euro sinken, sind sie um 25 % zurückgegangen. Sollte der Betrieb aber schuldenfrei sein und Vermögen gebildet haben, sind Sie mit Ihrer Prozentrechnung am Ende.

Vorsicht vor der Null

Problematisch wird es schließlich, wenn Sie es mit einem Grundwert zu tun bekommen, der Null beträgt. Von diesem Wert aus können Sie nicht weiterrechnen. Sie müssen ihn irgendwie umgehen oder ausblenden.

Nehmen wir an, Sie möchten die Zahl der Fehltage Ihrer Mitarbeiter untersuchen. Mitarbeiter Meyer hat vor zwei Jahren fünf Tage gefehlt, im vergangenen Jahr aber keinen einzigen. Die Anzahl der Fehltage ist damit um 100 % zurückgegangen – und zwar unabhängig davon, ob Mitarbeiter Meyer in dem ersten Jahr einen, fünf oder dreihundert Tage gefehlt hat. Anders gesagt: Die Angabe 100 % hat keinerlei Aussagekraft. Doch was noch entscheidender ist: Für das kommende Jahr können Sie vermutlich keine Angabe mehr machen, denn wenn Mitarbeiter Meyer auch nur einen Tag fehlt, ergibt sich die folgende Formel: $1 / 0 \cdot 100$. Durch null dürfen Sie aber niemals dividieren.

Bei null Fehltagen bekommen Sie Probleme

Was also können Sie in einem solchen Fall tun? Zwei Wege sind denkbar: Sie können statt der Null den kleinsten zulässigen Wert einsetzen, also z.B. einen Fehltag. Oder Sie nehmen das betreffende Jahr aus Ihrer Betrachtung einfach heraus.

Die Eigenarten von Prozentzahlen

Auf den vorhergehenden Seiten haben wir es bereits angesprochen: Prozentzahlen verhalten sich nicht ganz so wie andere „harte" Zahlen und Beträge. Weil das hin und wieder in Vergessenheit gerät, kommt es nicht selten zu Irrtümern und Fehleinschätzungen.

20 % sind nicht gleich 20 %
Ein Wertpapier verliert in einem Monat 20 % an Wert, im nächsten Monat gewinnt es 20 %. Alles wieder beim alten? Nicht ganz, denn Sie gehen bei der Berechnung der 20 % von unterschiedlichen Grundwerten aus. Kostete das

Wertpapier 100 Euro, ist es nach einem Monat nur noch 80 Euro wert. Eine Steigerung um 20 % entspricht 16 Euro. Die Aktie kostet also nun 96 Euro. ◄

Vermehrung ist nicht gleich Verminderung

Diesen Effekt haben Sie bereits kennen gelernt, er lässt sich durch Indexrechnung ausgleichen. Doch steckt noch ein wenig mehr dahinter: Es ist nämlich grundsätzlich etwas anderes, ob Sie es bei den Prozenten mit einer Verminderung oder einer Vermehrung zu tun haben.

- Bei einer Vermehrung gibt es nach oben gewissermaßen keine Grenze. Werte können um 1.000 oder 10.000 % steigen.
- Bei einer Verminderung ist spätestens bei 100 % Schluss.

Tendenziell unterschätzen wir die Verminderung und überschätzen die Steigerung. Wenn Sie sich vorstellen, dass eine Aktie 50 % an Wert verliert, so muss sie 100 % an Wert gewinnen, um diesen Verlust auszugleichen. Gewinnt sie hingegen 200 % hinzu, so genügt ein Verlust von 66,67 %, um den Gewinn wieder aufzufressen.

Experten-Tipp

Kehren Sie immer wieder zu den „absoluten Zahlen" zurück

Machen Sie sich klar: Prozentrechnung ist Vergleichsrechnung. Wenn Sie den Überblick behalten wollen, sollten Sie nicht ausschließlich die Prozentwerte betrachten, sondern immer auch die Beträge, die sich hinter diesen Prozenten verbergen: Geldbeträge ◄

Wie Sie die Mehrwertsteuer berechnen

Nettopreis als Bemessungsgrundlage

In der Regel werden Waren und Dienstleistungen beim Verkauf mit der Umsatz- oder Mehrwertsteuer belegt. Daher gehört es zu den häufigsten Aufgaben beim Kaufmännischen Rechnen diese Steuer zu berechnen, auf den Nettoverkaufspreis aufzuschlagen oder vom Bruttopreis abzuziehen, hinein- und herauszurechnen.

Das Verfahren ist im Prinzip recht einfach. Das Wichtigste, was Sie wissen müssen: Die Bemessungsgrundlage für die Mehrwertsteuer ist der Nettopreis. Insoweit ist es zumindest irreführend, wenn auf manchen Rechnungen der Bruttopreis aufgeführt ist nebst der Bemerkung „inklusive 16 % Mehrwertsteuer".

Denn wie Sie wissen (→ S. 38), besteht ein Unterschied zwischen dem „reinen Grundwert" (= Nettopreis) und dem „vermehrten Grundwert", dem Bruttopreis, der zwar die Mehrwertsteuer enthält, aber nicht zu 16 %. Denn bezogen auf den Verkaufspreis beträgt die Mehrwertsteuer nicht 16 %, sondern ... wie viel eigentlich?

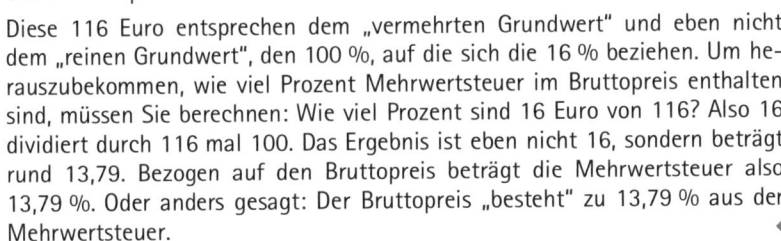

Wie viel Mehrwertsteuer steckt im Verkaufspreis?

Nehmen wir an, eine Ware kostet netto 100 Euro. Bei einer Mehrwertsteuer von 16 %, kommen Sie auf einen Betrag von 16 Euro. Zusammen ergibt das einen Bruttopreis von 116 Euro.

Diese 116 Euro entsprechen dem „vermehrten Grundwert" und eben nicht dem „reinen Grundwert", den 100 %, auf die sich die 16 % beziehen. Um herauszubekommen, wie viel Prozent Mehrwertsteuer im Bruttopreis enthalten sind, müssen Sie berechnen: Wie viel Prozent sind 16 Euro von 116? Also 16 dividiert durch 116 mal 100. Das Ergebnis ist eben nicht 16, sondern beträgt rund 13,79. Bezogen auf den Bruttopreis beträgt die Mehrwertsteuer also 13,79 %. Oder anders gesagt: Der Bruttopreis „besteht" zu 13,79 % aus der Mehrwertsteuer. ◀

Welcher Steuersatz gilt?

Derzeit beträgt in Deutschland der volle Mehrwertsteuersatz 16 %, für bestimmte Waren und Dienstleistungen wie Zeitungen, Bücher, Kunstgegenstände, Produkte der Land- und Forstwirtschaft gilt der verminderte Steuersatz von 7 %. Diese Sätze sind bereits in der Vergangenheit mehrmals geändert worden und es ist durchaus nicht ausgeschlossen, dass noch weitere Änderungen folgen, nicht zuletzt im Rahmen einer Vereinheitlichung der zur Zeit noch sehr uneinheitlichen Mehrwertsteuersätze innerhalb der EU. Bestimmte Waren und Leistungen sind auch von der Mehrwertsteuer befreit, etwa Lieferungen ins Ausland, soziale und medizinische Leistungen, bestimmte kulturelle Aktivitäten sowie die Vermietung und Verpachtung von Wohnraum und Grundstücken, sofern sie nicht gewerblich genutzt werden.

16 % oder 7 %

frei von Mehrwertsteuer

Vom Netto- zum Bruttopreis

Es wird Ihnen vermutlich keine größeren Schwierigkeiten machen, den Bruttopreis auszurechnen, wenn Sie den Steuersatz und den Nettopreis kennen. Sie rechnen einfach vom „reinen Grundwert" auf den „vermehrten Grundwert". Sie müssen den Mehrwertsteuersatz also einfach nur auf den Nettopreis (100 %) aufschlagen. Wenn die Mehrwertsteuer also bei 16 % liegt, entspricht der Bruttopreis also 116 % vom Nettopreis. Doch wie viel sind 116 %? Erinnern Sie sich an die Formel von Seite 39 (vermehrter Grundwert)? Dann können Sie das Rechenverfahren stark abkürzen. Gemäß der Formel ergibt sich: Bruttobetrag = (116 % · Nettobetrag) / 100. Oder einfacher:

Bruttobetrag = Nettobetrag · 1,16

Gilt der verminderte Satz von 7 %, müssen Sie entsprechend mit 1,07 multiplizieren.

Vom Brutto- zum Nettopreis

Ein wenig komplizierter ist es schon, wenn Sie den Bruttopreis kennen und auf den Nettopreis schließen wollen. Denn der Prozentwert der Mehrwertsteuer bezieht sich ja auf den Nettopreis, den Sie eben noch nicht kennen. Sie müssen also zurückrechnen. Und das haben wir im Beispiel auf Seite 45 bereits getan.

Bei 16 % Mehrwertsteuer

Ein Steuersatz von 16 % entspricht bezogen auf den „vermehrten Grundwert" einem Prozentwert von rund 13,79 %. In unserem Beispiel hatten wir gesagt, der Bruttopreis „bestehe" zu 13,79 % aus der Mehrwertsteuer. Das heißt aber auch: Wenn Sie die 13,79 % vom Bruttobetrag abziehen, erhalten Sie den Nettopreis. Anders formuliert: Der Nettopreis beträgt 86,21 % vom Bruttopreis. Damit können Sie den Nettopreis in einem Schritt berechnen.

Nettopreis = Bruttopreis · 0,8621

Bei 7 % Mehrwertsteuer

Beim verminderten Steuersatz von 7 % ergeben sich natürlich andere Werte. Um den Multiplikator zu ermitteln, rechnen Sie 100 / 107 = 0,93457. Die entsprechende Formel lautet also:

Nettopreis = Bruttopreis · 0,93457

Wie Sie den Betrag der Mehrwertsteuer aus dem Bruttopreis herausrechnen

Der Mehrwertsteuerbetrag ergibt sich aus der Differenz von Brutto- und Nettopreis. Sie können ihn aber auch direkt aus dem Bruttopreis herausrechnen, wenn Sie mit dem entsprechenden Faktor multiplizieren.

Bei 16 % Mehrwertsteuer:

Mehrwertsteuerbetrag = Bruttopreis · 0,1379

Bei 7 % Mehrwertsteuer:

Mehrwertsteuerbetrag = Bruttopreis · 0,06543

Bei abweichenden Steuersätzen können Sie den Faktor ganz leicht selbst bestimmen. Dividieren Sie den Steuersatz x einfach durch 100 + x. Bei 14 % rechnen Sie also 14 / 114 = 0,1228.

Zinsrechnung

Die Zinsrechnung baut auf der Prozentrechnung auf. Doch ein entscheidender Faktor kommt hinzu: Die Zeit. Ohne Zweifel ist Zinsrechnen ein Kernstück des kaufmännischen Rechnens. Sie brauchen es, um Kredite zu berechnen, um verschiedene Arten der Finanzierung miteinander zu vergleichen, aber auch um Ihre Rendite zu bestimmen und Ihr Kapital sinnvoll einzusetzen. Ohne Zinsrechnung ist eine überlegte Finanzplanung nicht denkbar.

Prozentrechnen mit dem Faktor Zeit

Was sind Zinsen?

Leihgebühr für
Kapital

Jemand überlässt Ihnen für einen bestimmten Zeitraum eine bestimmte Summe Geld. Nach Ablauf der Zeit müssen Sie ihm die Summe zurückerstatten. Zusätzlich hat Ihr Geldgeber Anspruch auf eine Art Leihgebühr, das sind die Zinsen.

Die Höhe der Zinsen hängt von drei Faktoren ab:

- Von der Höhe des entliehenen Kapitals. Je mehr Geld Sie entleihen, umso mehr Zinsen müssen Sie bezahlen.
- Von der Dauer der Nutzung. Je länger Sie das Geld entleihen, desto höher Ihre Zinszahlungen.
- Von der Höhe des Zinssatzes bzw. Zinsfußes. Je höher der Zinssatz liegt, desto stärker werden Sie belastet.

Um die Zinsen zu berechnen, gibt es eine einfache Formel, die so genannte „allgemeine Zinsformel".

allgemeine
Zinsformel

$$Zinsen = \frac{Kapital \cdot Zinsfu\beta \cdot Jahre}{100}$$

Was ist der Zinsfuß?

Bezugsrahmen
ist ein Jahr

Der Zinsfuß oder Zinssatz wird in Prozenten ausgedrückt. Von wenigen Ausnahmen abgesehen bezieht er sich auf die Zinsen, die nach einem Jahr zu zahlen sind. Wenn Sie also 100.000 € entleihen und Sie nach einem Jahr 8.000 € an Zinsen zu zahlen haben, liegt der Zinsfuß bei 8 %. Entleihen Sie die 100.000 € für fünf Jahre, fallen beim gleichen Zinssatz insgesamt 40.000 € an Zinsen an – oder mehr (Näheres unten zur Zinseszinsrechnung). Auch wenn Sie dann zusammen 40 % der entliehenen Summe als Zinsen zurückgezahlt haben – maßgeblich für den Zinssatz sind die Zinszahlungen für ein Jahr. Das hat seinen guten Grund, denn sonst könnten Sie Kredite mit unterschiedlichen Laufzeiten gar nicht miteinander vergleichen.

$$Zinsfu\beta = \frac{Zinsen \cdot 100}{Kapital \cdot Jahre}$$

Auch wenn Sie einen Kredit wesentlich kürzer als ein Jahr in Anspruch nehmen, bezieht sich der Zinssatz immer auf den Zeitraum eines Jahres. Wenn Sie also Ihr Konto nur einen Tag lang überziehen, rechnet die Bank den Betrag entsprechend auf ein Jahr um. Sie zahlen nur den entsprechenden Bruchteil des Jahreszins. Wie Sie das genau berechnen können, erfahren Sie weiter unten.

Nominalzins und Effektivzins

Wichtig ist der Unterschied zwischen Nominal- und Effektivzins. Für Ihre Berechnung maßgeblich ist allein der Effektivzinssatz.

* Der Nominalzins ist lediglich eine Nenngröße. Zusatzkosten, Bearbeitungsgebühren, Agios oder Disagios werden von ihm nicht erfasst. Mit dem Nominalzins können Sie den Effektivzins berechnen. Unter bestimmten Voraussetzungen kann die Höhe des Nominalzins auch steuerlich interessant sein (z.B. Zinssteuerfreibetrag).
* Der Effektivzins berücksichtigt die ausgezahlte Summe, die Vermittlungskosten und Gebühren. Er gibt Ihnen Auskunft darüber, was ein Kredit wirklich kostet oder eine Kapitalanlage erwirtschaftet.

Agio, Disagio und Gebühren

Einige Darlehensverträge sind so gestaltet, dass Ihnen nicht die volle Summe ausbezahlt wird, sondern ein gewisser Anteil einbehalten wird. Diesen Anteil nennt man Disagio.

Wenn Sie hingegen selbst als Darlehensgeber auftreten, also beispielsweise eine Anleihe erwerben, kann es Ihnen geschehen, dass Sie eine höhere Summe investieren müssen, als es dem Nennwert entspricht. Sie bezahlen sozusagen einen Aufschlag. Und diesen Aufschlag nennt man Agio.

Agio ist ein Aufschlag

Eine ungünstige Sache, könnte man meinen. Doch gibt es einen Ausgleich: Die Zinssätze sind nämlich so gestaltet, dass sie diesen vermeintlichen Nachteil wieder wettmachen. Mit Disagio zahlen Sie für Ihr Darlehen einen niedrigeren Zins, eine Anleihe mit Agio bietet höhere Zinsen. Der Effekt: Darlehen und Anleihen erscheinen günstiger als sie tatsächlich sind.

In die gleiche Richtung wirken sich auch die Gebühren aus, die Sie zu bezahlen haben. Beim Darlehen können Sie diese Kosten gleich vom ausbezahlten Betrag abziehen, sie also dem Disagio zuschlagen. Wenn Sie hinge-

Günstigere Bedingungen zum Ausgleich

gen der Geldgeber sind, erhöhen die Gebühren Ihre Kosten; insofern können Sie den Betrag dem Agio hinzurechnen.

Bleibt noch der keineswegs seltene Fall, dass Sie eine Anleihe unter ihrem Nennwert erwerben. Dann erscheinen die Zinsen niedriger als sie „effektiv" sind. Ein Effekt, der auch steuerlich interessant sein könnte. Mögliche Gebühren hingegen wirken sich wiederum in die andere Richtung aus, sie verteuern die Anleihe. Von einem Disagio wären sie also abzuziehen.

Disagio

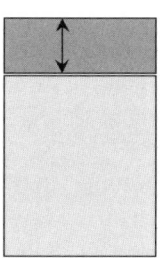

Agio

Disagio: Das Darlehen wird Ihnen nicht in voller Höhe ausbezahlt.

Agio: Sie bezahlen mehr, als Sie zurückbekommen.

Nur auf den Effektivzins schauen

Im Grunde machen Agio, Disagio und Gebühren die Sache nur komplizierter. Orientieren Sie sich daher ausschließlich am Effektivzins. Die Banken und Kreditinstitute sind gesetzlich verpflichtet, ihn anzugeben. Doch lohnt es sich selbst nachzurechnen, ob tatsächlich alle Ihre Kosten berücksichtigt worden sind. ◄

So berechnen Sie den Effektivzins

Der Effektivzins berücksichtigt alle Kosten, die mit dem Darlehen oder der Geldanlage verbunden sind. In erster Linie handelt es sich dabei um Gebühren (z.B. Bearbeitung, Bereitstellung, Vermittlung) und um die eben angesprochenen Abschläge oder Aufschläge.

Wie gehen Sie dabei vor?

1. Es gibt zwei unterschiedliche Arten von Kosten, nämlich einmal die Zinsen, die Sie jährlich zu entrichten haben (oder die Ihnen gutgeschrieben werden), und dann die Aufwendungen, die Ihnen nur einmal entstehen und zwar gleich zu Beginn, nämlich die Gebühren und das erwähnte Agio bzw. Disagio.

2. Sie rechnen die zweite Kostenart zusammen und ziehen diese Summe vom Nennbetrag ab (beim Darlehen) oder zählen sie hinzu (bei der Geldanlage). Das Ergebnis ist der Auszahlungsbetrag (beim Darlehen) oder der Investitionsbetrag (bei der Geldanlage).

3. Den Nennbetrag dividieren Sie durch den Auszahlungs- bzw. Investitionsbetrag. Das Ergebnis multiplizieren mit dem Nominalzins. Jetzt kennen Sie bereits einen etwas „realistischeren" Zinssatz, nämlich die Verzinsung Ihres Auszahlungs- bzw. Investitionsbetrages.

4. Bleibt noch ein kleines Problem: Beim Darlehen müssen Sie ja nicht den Auszahlungsbetrag, sondern den vollen Nennbetrag zurückerstatten. Ebenso bekommen Sie bei einer Anleihe am Ende der Laufzeit nicht das ausbezahlt, was Sie investiert haben, sondern nur den vereinbarten Nennbetrag.

5. Die Lösung des Problems: Sie berechnen die Differenz zwischen Nennbetrag und Auszahlungs- bzw. Investitionsbetrag. Das Ergebnis drücken Sie in Prozent aus – und zwar bezogen auf Ihren Auszahlungs- oder Investitionsbetrag. Diese Prozentzahl müssen Sie nun noch durch die Laufzeit des Darlehens bzw. der Anleihe teilen. Das Ergebnis zählen Sie zum Zinssatz von Schritt 3 hinzu und erhalten den effektiven Zins.

Die zugehörige Formel lautet (wobei der Auszahlungbetrag durch den Investitionsbetrag ausgetauscht werden kann):

$$Effektivzins = Nominalzins \cdot \frac{Nennbetrag}{Auszahlungsbetrag} + \frac{Disagio}{Laufzeit}$$

Das klingt vielleicht etwas verwirrend. Doch es dürfte in den praktischen Anwendung wesentlich klarer werden.

Zwei Kreditangebote

Sie möchten über einen Zeitraum von vier Jahren einen Kredit in Höhe von 150.000 € aufnehmen. Ihnen liegen zwei Angebote vor. Das Angebot der Bank A: Der Nominalzins beträgt 9 %; das Darlehen wird Ihnen zu 98 % ausbezahlt. Weitere Kosten entstehen Ihnen nicht. Das Angebot der Bank B: Zu einem Nominalzins von 8 % wird Ihnen das Darlehen zu 97 % ausbezahlt. Hinzukommt eine Bearbeitungsgebühr in Höhe von 450 €. Für welchen Kredit würden Sie sich entscheiden?

Kreditangebot von Bank A:

Bank A

Die 9 % Zinsen zahlen Sie auf den Nennbetrag von 150.000 €. Tatsächlich ausbezahlt werden Ihnen aber nur 98 % davon, also 147.000 €. Teilen Sie den Nennbetrag durch den Auszahlungsbetrag, erhalten Sie den Faktor 1,02, den Sie mit dem Nominalzins multiplizieren. Das Ergebnis liegt bei rund 9,18 %. Die Differenz zwischen Nenn- und Auszahlungsbetrag beträgt 3.000 €. Bezogen auf den Auszahlungsbetrag sind das 2,04 %. Dividiert durch die Laufzeit von vier Jahren ergibt das 0,51 %. Zählen Sie nun noch 9,18 und 0,51 Prozent zusammen, haben Sie den Effektivzins in Höhe von 9,69 % ermittelt.

Kreditangebot von Bank B:

Bank B

Ausbezahlt werden nur 145.500 € (= 97 %), von denen Sie nochmals 450 € Bearbeitungsgebühren abrechnen müssen. Effektiv erhalten Sie also nur 145.050 €. Nennbetrag durch Auszahlungsbetrag macht 1,034. Multipliziert mit den Nominalzinsen von 8 % sind das 8,27 %. Die Differenz von Nenn- und Auszahlungsbetrag ist 4.950 €. Bezogen auf den Auszahlungsbetrag sind das 3,41 %. Dividiert durch die Laufzeit von vier Jahren ergibt das eine zusätzliche Belastung von 0,85 %. Der Effektivzins beträgt demnach 8,27 + 0,85 = 9,12 %.

Ergebnis

Das Darlehen von Bank B ist also günstiger. Wobei Sie nicht vergessen dürfen: Wenn Ihr Kapitalbedarf exakt 150.000 € beträgt, bliebe eine Finanzierungslücke von knapp fünftausend Mark.   ◄

Achtung, kein echtes Disagio!

Wir möchten Sie nicht zusätzlich verwirren, doch leider ist der Sachverhalt etwas verwickelt und auch in einigen Fachbüchern unzutreffend dargestellt. Daher der dringliche Hinweis: Den Differenzbetrag zwischen Nennwert und Auszahlungssumme müssen Sie auf die Auszahlungssumme beziehen – und keineswegs auf den Nennwert. Das Ergebnis ist *nicht* mit dem Disagio identisch, das sich ja immer auf den Nennwert bezieht. Bei einem Disagio von

5 % bekommen Sie von 100.000 nur 95.000 € ausbezahlt. 5.000 € von 95.000 sind nicht glatte 5, sondern 5,26 %.

In der Praxis macht es allerdings oft kaum einen Unterschied, denn je geringer das Disagio desto kleiner die Differenz zwischen echtem Disagio und unserem Prozentwert, den wir in Ermangelung eines anderen Begriffs als „Disagio" (in Anführungszeichen) bezeichnet haben.

Damit Sie die Sache noch einmal nachvollziehen können und auch gleich sehen, wie die Effektivzinsrechnung bei Investitionen funktioniert, das folgende, pädagogisch überzeichnete Beispiel.

Die 10%ige Nullzins-Anleihe

Ihnen wird eine Anleihe mit einjähriger Laufzeit angeboten. Der Nominalzins beträgt 10 %, der Nennwert 10.000 €. Wegen dieser erstklassigen Konditionen ist das Papier stark nachgefragt. Sein Kurs klettert auf 109 %. Mit allen Kaufnebenkosten kommen Sie auf einen Investitionsbetrag von 11.000 €. Vermutlich kein gutes Geschäft bei 1.000 € Zinsgutschrift und 10.000 € Rückzahlung.

Doch rechnen wir noch mal mit unserer Formel nach: Nennwert durch Investitionsbetrag ergibt 0,909. Vom Nominalzins bleiben zunächst nur 9,09 % übrig (10 x 0,909). So hoch wäre die Verzinsung, wenn Sie 11.000 € zurückbekämen. Bekommen Sie aber nicht, sondern nur 10.000 €. Macht ein Verlust von 1.000 €. Diesen Verlust müssen Sie auf Ihre Investition von 11.000 € beziehen. Ergibt einen Prozentsatz von exakt 9,09 %, den Sie – als Verlust – von dem ersten Zinsbetrag *abrechnen* müssen. Das Ergebnis 0,0 % Effektivzins.

Hätten Sie die 1.000 € auf den Nennwert 10.000 € bezogen, hätte sich gar ein Minusgeschäft ergeben. 9,09 – 10 = – 0,91 %. Doch sind 1.000 – 1.000 € nun mal nicht – 0,91 %.   ◄

Monatszinsen und Tageszinsen

Beim Kaufmännischen Rechnen haben Sie es oftmals mit kurzfristigen und tagesgenauen Berechungen zu tun. Beispielsweise wenn Sie einen Kontokorrent- oder Dispokredit in Anspruch nehmen oder Ihren Kunden Verzugszinsen berechnen.

Die monatlichen Zinsen sind sehr einfach zu berechnen. Sie erweitern die allgemeine Zinsformel (→ S. 48) nur um einen Faktor, nämlich die Anzahl

Zinsen für jeden Monat

der Monate, die Sie das Darlehen in Anspruch genommen haben, geteilt durch 12.

$$Monatszinsen = \frac{Kapital \cdot Zinsen \cdot Monate}{100 \cdot 12}$$

In der Praxis ist die monatliche Abrechnung jedoch nicht so weit verbreitet wie die tagesgenaue Abrechnung. Bekanntlich haben nicht alle Monate die gleiche Anzahl von Tagen. Außerdem kann sich die Auszahlung um ein, zwei Tage verzögern, zum Beispiel wenn das Monatsende auf ein Wochenende fällt. Daher werden die Zinsen oftmals auch dann tagesgenau berechnet, wenn das Darlehen oder das Festgeld für einen oder mehrere Monate vereinbart wurde.

Die drei Arten, Tageszinsen zu berechnen

Zinsen für jeden Tag

Bekanntlich hat das Jahr 365, manchmal 366 Tage. Beim Kaufmännischen Rechnen ist das anders. Es wird mit 360 Tagen gerechnet – wenigstens in Deutschland und vielen anderen europäischen Ländern. Daraus ergibt sich folgende Formel:

$$Tagesszinsen = \frac{Kapital \cdot Zinsen \cdot Tage}{100 \cdot 360}$$

Nun werden aber nicht einfach die Tage zusammengezählt. Geht die Laufzeit über einen Monat hinaus, wird jeder Monat mit 30 Tagen gezählt, auch der Februar. Läuft beispielsweise ein Kredit vom 12. Februar bis zum 28. Mai, so addieren Sie zu drei Monaten à 30 Tage (12.2.-11.5.) weitere 15 Tage (12.5-28.5.): zusammen also 106 Tage. Tatsächlich läuft der Kredit über 105 Tage.

Die Eurozins-methode

Dieses Verfahren ist in Deutschland bei Kaufleuten üblich. Banken berechnen den Tageszins allerdings etwas anders. Sie wenden die so genannte Eurozins-Methode an. Dabei wird das Jahr ebenfalls mit 360 Tagen angesetzt, doch gibt es keine Vereinfachung hinsichtlich der Monate. Maßgeblich ist die genaue Anzahl der Tage. Daraus ergibt sich die etwas kuriose Folge, dass für ein komplettes Jahr mit 365 Tagen ein geringfügig höherer Zins gezahlt wird, wenn tageweise abgerechnet wird.

Die dritte Methode ist die genaueste. Mit ihr rechnen Privatpersonen und Behörden, auch das Finanzamt. Wie bei der Eurozinsmethode zählt jeder Tag, doch wird das Jahr mit 365 Tagen berechnet. Die Formel heißt daher:

Behörden rechnen genau

$$Tagesszinsen = \frac{Kapital \cdot Zinsen \cdot Tage}{100 \cdot 365}$$

Die kaufmännische Zinsformel

Bislang haben Sie mit der „allgemeinen Zinsformel" gerechnet. Beim Kaufmännischen Rechnen ist es jedoch üblich, die kaufmännische Zinsformel zu nutzen. Eine zwingende Notwendigkeit, dies zu tun, besteht nicht. Beide Formeln liefern das gleiche Ergebnis. Warum sollten Sie sich dann überhaupt mit der kaufmännischen Zinsformel beschäftigen? Nun, es handelt sich um eine sehr verbreitete Konvention, die Ihnen das Rechnen erleichtern kann und die Sie kennen sollten.

Ausgangspunkt ist die eben vorgestellte Formel für die Tageszinsen (in ihrer „kaufmännischen" Variante):

$$Tageszinsen = \frac{Kapital \cdot Zinssatz \cdot Tage}{100 \cdot 360}$$

Diese Gleichung wird einfach nur umgeformt und in zwei Bestandteile zerlegt:

$$Tageszinsen = \frac{Kapital \cdot Tage}{100} \cdot \frac{Zinssatz}{360}$$

erster Bestandteil   zweiter Bestandteil

Zinszahl

Den ersten Bestandteil der Formel bezeichnet man als „Zinszahl" oder „Zinsnummer".

Zinsteiler

Der zweite Bestandteil wird weiter umgeformt. Anstatt den Zinssatz durch 360 zu teilen und mit der Zinszahl zu multiplizieren, wird durch den Kehrwert dividiert. Der Zinsteiler heißt also 360 / Zinssatz.

Die kaufmännische Zinsformel lautet demnach:

$$Zinsen = \frac{Zinszahl}{Zinsteiler}$$

Die
übersichtliche
Zinsformel

Der Vorteil der kaufmännischen Zinsformel besteht darin, dass sie übersichtlicher ist. Viele, auch „krumme" Zinssätze sind in dem Wert 360 enthalten, so dass Sie bequem rechnen können: So entsprechen 3/8 % einem Zinsteiler von 960, 1 1/3 % ergibt einen Zinsteiler von 270 und 7,2 % einen Zinsteiler von 50. Wenn Sie mit konstanten Zinssätzen rechnen, ist es bequem, einfach nur den entsprechenden Zinsteiler einzusetzen.

Zinsteiler
für die
kaufmännische
Zinsformel

Zinssatz	Zinsteiler		Zinssatz	Zinsteiler
0,5 %	720		3 1/3 %	108
1 %	360		3,75 %	96
1,25 %	288		4 %	90
1,5 %	240		5 %	72
2 %	180		6 %	60
2 2/3 %	135		8 %	45
3 %	120		9 %	40

Verzugszinsen

Wer seine Rechnung zu spät begleicht, muss Verzugszinsen zahlen. Die Höhe der Verzugszinsen kann vertraglich vereinbart werden. Ansonsten gelten die gesetzlichen Regelungen. Und hier hat sich einiges bewegt. Vor dem 1. Mai 2000 musste derjenige, der verspätet zahlte, nur einen Satz von 4 % oder 5 % bezahlen. Es war also deutlich günstiger, die Zahlungsfrist zu überschreiten als sein Konto ins Minus rutschen zu lassen.

Höhere
Verzugszinsen

Das hat sich durch das „Gesetz zur Beschleunigung fälliger Zahlungen" ein wenig geändert. Nunmehr können Sie Ihren säumigen Schuldnern Verzugszinsen berechnen, die um 5 % über dem Basiszinssatz der Europäischen Zentralbank liegen. Aktuell beträgt der Zinssatz 4,26 %, also dürften Sie 9,26 % Verzugszinsen berechnen.

Ab wann dürfen Sie Verzugszinsen berechnen?

Es hängt ganz von den Zahlungsbedingungen ab, von welchem Tag an Sie Verzugszinsen berechnen dürfen. Üblicherweise ist in der Rechnung das Zahlungsziel genannt: „Bitte überweisen Sie bis zum ... ohne Abzug den Betrag." Die übliche Frist beträgt zwischen 14 und 30 Tagen nach Erhalt der Rechnung. Ist nichts vereinbart, gilt im Allgemeinen eine Frist von 30 Tagen.

Wie hoch sind die Verzugszinsen?

Sie haben einem Kunden eine Rechnung über 32.000 Euro gestellt. Das Zahlungsziel ist der 3. März. Bis zum 9. Juni ist noch keine Zahlung bei Ihnen eingegangen. Sie stellen eine weitere Rechnung. Sie rechnen mit dem derzeit gültigen Zinssatz von 9,26 %.

Zunächst legen Sie die Zahl der Zinstage fest: Vom 4. März bis 4. Juni = 3 Monate à 30 Tage = 90 Tage. Plus 5. bis 9. Juni = 5 Tage. Macht zusammen 95 Tage.

Jetzt können Sie die Werte in die kaufmännische Formel einsetzen. Verzugszinsen = (32.000 · 9,26 · 95) / (100 · 360) = 781,95 Euro. Der Rechnungsbetrag erhöht sich also auf 32.781,95 Euro. ◄

Wie Sie den Skonto berechnen

Der (oder das) Skonto ist ein Nachlass vom Rechnungsbetrag, der dann gewährt wird, wenn der Schuldner noch *vor* dem eigentlichen Zahlungsziel die Rechnung begleicht. Dazu wird ihm eine verkürzte Frist gewährt, die so genannte Skontofrist. In der Regel liegt sie zwischen 7 und 10 Tagen und der Nachlass beträgt 2 %, maximal 3 %.

Der Vorteil für den Lieferanten: Er kommt früher an sein Geld. Dadurch kann er Zinsen sparen und muss auch keine Verzugszinsen eintreiben. Und auch für den Schuldner gibt es ein handfestes Interesse, seine Rechnung unter Abzug von Skonto zu begleichen. Er spart Geld.

Vorteil für den Lieferanten

Wie viel das effektiv ist, können Sie selbst berechnen. Dazu müssen Sie den Nachlass von 2 %, der Ihnen gewährt wird, wenn Sie 10 oder 20 Tage früher zahlen, umrechnen in den entsprechenden Tageszinssatz.

Wie viel sparen Sie, wenn Sie Skonto zahlen?

Die Rechnung beträgt 10.000 Euro. Die Skontofrist läuft bis zum 10. Tag nach Ausstellung der Rechnung. Das Zahlungsziel ist am 30. Tag erreicht. Um den Skonto von 2 % noch auszunutzen, genügt es, wenn Sie am 10. Tag bezahlen, also 20 Tage vor Ablauf des Zahlungsziels.

2 % von 10.000 Euro sind 200 Euro. Sie müssen also nur 9.800 Euro bezahlen. Die 200 Euro Skonto können Sie als Zinsen betrachten, die Ihnen zufließen, weil Sie die 10.000 Euro 20 Tage eher bezahlt haben. Setzen Sie die Werte in die Formel für die Tageszinsen ein: 200 Euro = (10.000 Euro · Zinsfuß · 20 Tage) / 100 · 360. Wenn Sie diese Gleichung umformen, ergibt sich: Zinsfuß = (200 · 100 · 360) / (10.000 · 20) = 36 %.

Der Vorteil, den Sie durch die Skontozahlung haben, entspricht also einer Verzinsung von satten 36 %. Skontozahlung ist daher sogar dann noch vorteilhafter, wenn Sie für die vorzeitige Zahlung einen Kredit in Anspruch nehmen müssen.   ◄

Auch für die Umrechnung des Skontos in den Jahreszinssatz gibt es eine eigene Formel. Dazu müssen Sie nur berechnen, wie viel Tage Sie effektiv früher zahlen müssen. Dazu ziehen Sie die Skonto-Abzugsfrist einfach vom „regulären" Nettozahlungsziel ab.

$$Jahreszinssatz = \frac{Skontosatz\ in\ \%\ \cdot\ 360}{Nettozahlungsziel\ in\ Tagen - Skonto\ Abzugsfrist\ in\ Tagen}$$

Vom Zins zum Zinseszins

Bei der Zinsrechnung werden Zinsen und Kapital sorgsam voneinander getrennt. Die Zinserträge werden sozusagen immer abgeschöpft. Nun ist allerdings der Fall keineswegs selten, dass die Zinserträge gleich wieder investiert werden und in das Kapital zurückfließen. Der Zins bringt neue Zinsen. Das nennt man Zinseszins.

Zinseszins-Effekte machen sich besonders langfristig bemerkbar. Hier werden sie oftmals stark unterschätzt. Denn der Zinseszins wächst exponentiell, ist also zunächst kaum spürbar, um sich dann regelrecht aufzuschaukeln. Im Übrigen kann sich dieser Effekt in beide Richtungen bemerkbar machen: Beim langfristigen Ansparen kleiner Summen, die im Laufe der Jahre zu einem veritablen Vermögen heranwachsen. Oder bei der Aufnahme eines

Zinseszinsen wachsen exponentiell

Darlehens, das nicht zurückgezahlt werden kann, wodurch sich bald ein immer schneller wachsender Schuldenberg auftürmt.

In der zugehörigen Formel wird unterschieden zwischen dem „aufgezinsten Kapital", also dem Betrag, den Sie am Ende der Laufzeit zurückerhalten bzw. zurückzahlen müssen, und dem eingesetzten Kapital. Die entscheidende Größe ist aber der Exponent n, wobei n die Laufzeit des Kredits bzw. der Anlage in Jahren bezeichnet. Die Formel lautet:

$$\text{Aufgezinstes Kapital} = x \cdot \left(1 + \frac{\text{Zinssatz}}{100}\right)^n$$

Wie viel wird aus 100 Euro?

Nehmen wir an, Sie haben vor vielen, vielen Jahren 100 € beiseite gelegt und zu einem Zinssatz von 5 % verzinsen lassen. Wie viel ist aus den 100 € geworden? Nach 10 Jahren? Nach 20 Jahren? Nach 40 Jahren? Und wie viel hätten Sie von dieser Geldanlage, wenn Ihnen die Zinsen immer ausbezahlt worden wären?

Praxis-Beispiel

Setzen Sie in die Formel ein: Das aufgezinste Kapital nach 10 Jahren =

$$100 \cdot \left(1 + \frac{5}{100}\right)^{10} = 100 \cdot 1{,}05^{10} = 100 \cdot 1{,}628894 = 162{,}89 \,€.$$

Im Vergleich dazu: Ohne Zinseszins würde das Kapital auf 150 € anwachsen (100 + 10 · 5 €).

Nach 20 Jahren sieht das Ergebnis folgendermaßen aus:

$$100 \cdot \left(1 + \frac{5}{100}\right)^{20} = 100 \cdot 2{,}6532963 = 265{,}33 \,€.$$

Ohne Zinseszins wären es 200 € (= 100 + 20 · 5 €).

Nach 40 Jahren hätten sich die 100 € mehr als versiebenfacht. Das aufgezinsten Kapital beträgt knapp 704 €, während es ohne Zinseszins nur 300 € wert wäre.   ◄

Bitte beachten Sie: Der Zinseszins-Effekt macht sich bei höheren Zinssätzen noch stärker bemerkbar. Bei 10 % Zinsen hat sich eingesetzte Kapital bereits nach 9 Jahren mehr als verdoppelt und nach 19 Jahren mehr als verfünffacht. Nach 40 Jahren wäre es mehr als das 30fache wert – ohne Zinseszins gerade mal das fünffache.

Indexrechnung

In den Umkreis des Rechnens mit Prozenten gehört die Indexrechnung. Ein Index macht es möglich, eine Entwicklung über einen längeren Zeitraum kontinuierlich zu verfolgen. Während Sie bei der Prozentrechnung in der Regel nur zwei Werte miteinander vergleichen, können Sie mit einem Index den gesamten Zeitraum überblicken.

Sie brauchen eine Orientierungsgröße

Wie bei der Prozentrechnung benötigen Sie einen Grundwert, eine Orientierungsgröße, auf die Sie alle weiteren Werte beziehen. Bei der Prozentrechnung wird der reine Grundwert auf 100 % angesetzt, bei der Indexrechnung steht es Ihnen im Prinzip frei, jeden beliebigen Wert zu nehmen, Sie müssen ihn nur angeben.

Natürlich hat es nur Sinn, eine glatte Zahl wie 1, 10 oder 100 zu nehmen. So könnten Sie beispielsweise angeben: „Umsatz im Jahr 1990 = 100." Alle Umsatzzahlen für die nachfolgenden Jahre werden auf diesen Wert bezogen. Zum Beispiel nach folgendem Muster:

Index für die Umsatzentwicklung (1990 = 100)

Jahr	1998	1999	2000	2001	2002	2003
Umsatz	112	130	103	110	140	145

Rechnen Sie die Beträge in Indexwerte um

Bei der Umsatzentwicklung ist es sehr einfach, den entsprechenden Indexwert zu bestimmen. Es handelt sich um einen einfachen geraden Dreisatz. Nehmen wir an, Ihr Orientierungsmaß, der Umsatz im Jahr 1990, belief sich auf 953.871,52 €. Der Umsatz im Jahr 2001 beträgt 1.383.113,80 €. Dann können Sie rechnen: 100 entspricht 953.871,52 € (Aussagesatz). Neuer Indexwert entspricht 1.383.113,80 € (Fragesatz).

$$\text{Neuer Indexwert} = \frac{100 \quad 1.383.113,80}{953.871,52} = 145.$$

Daran können Sie natürlich auch die prozentuale Entwicklung ablesen: Der Umsatz liegt gegenüber dem Jahr 1990 um 45 % höher. Im Unterschied zur Prozentrechnung ist es bei der Indexrechnung sogar möglich, mit negativen

Werten zu rechnen. Sie könnten also im Prinzip auch für Ihr Betriebsergebnis (Gewinn oder Verlust) einen Index erstellen.

Wie Sie Indexzahlen in Prozentwerte umrechnen

Um einen längeren Zeitraum zu überblicken, sind Indexzahlen sehr hilfreich. Doch vielleicht möchten Sie ja einmal wissen, um wie viel Prozent der Indexwert im Vergleich zum Vorjahr zugelegt hat (oder wie viel er verloren hat). Mit der folgenden Formel können Sie jeden beliebigen Indexstand miteinander vergleichen.

$$Prozentuale\ Entwicklung = \frac{neuer\ Indexwert}{alter\ Indexwert} \cdot 100 - 100$$

Wie hat sich der Umsatz entwickelt?

Der Umsatz der Firma Roth kletterte 1999 auf den Indexwert 135, im folgenden Jahr ging er auf 128 zurück. 128 geteilt durch 135 = 0,94815. Multipliziert mit hundert = 94,815. Abzüglich 100 ergibt – 5,185 %. Der Umsatz ist also um 5,185 % zurückgegangen.

Der Index lag 1998 allerdings noch bei 115. Bezogen auf diesen Wert ist der Umsatz im Jahr 2000 um 11,3 % gestiegen (128 / 115 · 100 – 100 = 11,3). ◄

Praxis-Beispiel

Zusammengesetzte und variable Indexzahlen

Die meisten Indexzahlen (oder Indices) beziehen sich nicht nur auf eine einzige Messgröße, sondern berücksichtigen eine Vielzahl unterschiedlicher Werte. Sie verdichten viele Werte zu einer einzigen Zahl. Darin liegt ihre Leistung. Der deutsche Aktienindex, der DAX, etwa umfasst die Kurse der bedeutendsten deutschen Unternehmen, die so genannten Standardwerte, die je nach Bedeutung unterschiedlich gewichtet werden.

Ein weiterer Index betrifft die Lebenshaltungskosten. Dabei ermittelt das Statistische Bundesamt die Preise für eine Vielzahl von Waren, die in einem so genannten „Warenkorb" zusammengefasst werden. Das Problem ist allerdings, dass sich die Zusammensetzung des Warenkorbs von Jahr zu Jahr ändert. Sind beispielsweise Kartoffeln besonders günstig, könnte das

Verdichtete Information in einem Index

die Kaufgewohnheiten beeinflussen. Ebenso dürfte es nicht ohne Folgen bleiben, wenn das verfügbare Einkommen steigt oder sinkt. Haben Sie mehr Geld zur Verfügung, leisten Sie sich teurere Sachen, Ihre Lebenshaltungskosten steigen, sogar wenn die Preise gefallen sind.

Preisindex von Laspeyres

Diesen Effekt versucht der Preisindex von Laspeyres auszuschalten. Die Gewichtung des Index bleibt konstant. Maßgeblich ist das Basisjahr. Auf den Warenkorb übertragen heißt das: Es wird untersucht, wie viel es kosten würde, genau die gleichen Waren in den folgenden Jahren zu erwerben. Allerdings zeigt der Laspeyres-Index die Preise tendenziell etwas überhöht an. Denn es wird nicht berücksichtigt, dass der Verbraucher auf bessere oder billigere Produkte ausweicht und seinen Verbrauch sozusagen optimiert.

Preisindex von Paasche

Daher geht der Preisindex von Paasche den umgekehrten Weg. Rückblickend wird ermittelt, wie teuer der aktuelle Warenkorb im Vorjahr gewesen ist. Das ist zwar recht umständlich, doch die Bedeutung des Paasche-Index liegt mehr darin, dass er als ein Korrektiv des Laspeyres-Index fungiert. Weichen beide Indices stark voneinander ab, ist es an der Zeit, die Zusammensetzung des Laspeyres-Warenkorbs zu aktualisieren.

Das 1x1 der Kostenrechnung

Egal, ob in einem kleinen Betrieb oder einem Großkonzern, auf die Kosten kommt es an. Sie sind die zentrale Kenngröße in allen Unternehmen. Daher ist es erforderlich, möglichst gut über die Kosten Bescheid zu wissen. Welche Kosten gibt es, wo entstehen sie und welche Produkte oder Dienstleistungen verursachen welche Kosten? Genau mit diesen Fragen beschäftigt sich die Kostenrechnung.

Kostenrechnung ist keine Buchführung

Kostenrechnung und Buchführung hängen zwar eng miteinander zusammen, denn sie greifen zum großen Teil auf die gleichen Rohdaten zurück. Und doch erfüllen sie ganz unterschiedliche Aufgaben. Denn die Buchführung dokumentiert die geschäftlichen Zahlen vor allem für Außenstehende, in erster Linie für das Finanzamt, aber auch für Banken, Teilhaber oder mögliche Geldgeber. Für die Buchführung gibt es gesetzliche Bestimmungen. Ganz anders bei der Kostenrechnung: Jedes Unternehmen kann selbst entscheiden, ob und in welcher Form es Kostenrechnung einsetzen will.
Die Kostenrechnung hat nicht die genaue Dokumentation vergangener zum Ziel, sondern will eine verlässliche Datenbasis für künftige Entscheidungen liefern.

Kostenrechung	Buchführung, Buchhaltung
■ interne Information für die Unternehmensführung	■ Information nach außen (Finanzamt; Gewerbeaufsichtsamt etc.)
■ individuell, pragmatisch, bedarfsorientiert	■ Formalisiert
■ keine Vorschriften	■ gesetzlich vorgeschrieben
■ Zukunftsorientiert	■ vergangenheitsorientiert
■ „normalisiertes" Datenmaterial, Ausschaltung zufälliger Schwankungen	■ genaue Dokumentation aller Vorfälle
■ laufende Ergebnisse, nach Bedarf	■ Jährliches Ergebnis

Die Aufgaben von Kosten-rechnung und Buchführung

Was sind überhaupt Kosten?

Im Verständnis der Betriebswirtschaftslehre sind Kosten der „bewertete Verzehr von Gütern und Dienstleistungen mit dem Ziel betrieblicher Leistungserstellung". Das klingt vielleicht ein wenig abstrakt. Und doch enthält diese Definition alles, was man wissen muss.

- *„Der bewertete Verzehr von Gütern und Dienstleistungen ..."*: Güter und/oder Dienstleistungen werden verbraucht. Dieser Verbrauch muss bewertet, also in Geld umgerechnet werden. Dabei spielt es keine Rolle, ob tatsächlich Geld ausgegeben wurde.
- *„... mit dem Ziel betrieblicher Leistungserstellung"*: Ausgaben, die nicht in Zusammenhang mit der betrieblichen Tätigkeit stehen, werden von der Kostenrechung nicht berücksichtigt. Sie gelten als „neutraler Aufwand".

Die kalkulatorischen Kosten

In einigen Fällen hat zwar ein „Verzehr" stattgefunden, doch es ist kein Geld geflossen. Zum Beispiel wenn sich die Geschäftsräume in Besitz des Inhabers befinden. Dann kann es sinnvoll sein, „kalkulatorische Kosten" anzusetzen. Kosten, die zwar nicht auf dem Bankkonto zu Buche schlagen, die Sie aber ansetzen sollten, um zu einem realistischen Ergebnis zu kommen.

Das Fahrradfachgeschäft

Herr Ebsen ist Inhaber eines Fachgeschäfts für Fahrräder. Die Ladenräume in guter Lage gehören ihm; er muss keine Miete bezahlen. Das Geschäft läuft gut und Herr Ebsen denkt daran, in einem anderen Stadtteil eine Filiale zu eröffnen.

Es empfiehlt sich, für das Stammhaus, das ja mietfrei genutzt wird, eine „kalkulatorische Miete" anzusetzen. Ansonsten käme Herr Ebsen zu einem unrealistisch guten Ergebnis, das er mit seiner Filiale nie erreichen könnte. Erst wenn das Stammhaus auch mit kalkulatorischer Miete, ein gutes Ergebnis erzielt, läuft es wirklich rentabel.

Die kalkulatorischen Kosten dienen also in erster Linie dazu, Vergleiche herzustellen, unterschiedliche Ausgangsbedingungen einzuebnen, um Ihr

Untersuchungsobjekt realistisch zu beurteilen. Außer der kalkulatorischen Miete gibt es noch kalkulatorische Zinsen, kalkulatorische Abschreibungen und – wichtig für inhabergeführte Betriebe – den kalkulatorischen Unternehmerlohn.

Neutraler Aufwand

Aus der Kostenrechnung sollten Sie den „neutralen Aufwand" herauslassen. Der neutrale Aufwand ist nicht betriebsbedingt. Es wird also Geld ausgegeben, aber nicht in direktem Zusammenhang mit der betrieblichen Leistungserstellung. Solche Fälle sind zum Beispiel:

- Ausgaben für Betriebsfeiern, Firmenjubiläen, Spenden für einen wohltätigen Zweck, Strafgebühren
- Ausgaben, die nicht typisch für den normalen Betriebsablauf sind, z.B. Sanierungskosten nach einem Großfeuer
- Ausgaben, die nicht in das laufende Geschäftsjahr gehören, also Nachzahlungen oder Vorauszahlungen

Was sind die betrieblichen Leistungen?

Den Kosten stehen die Leistungen eines Unternehmens gegenüber. Dabei handelt es sich um das (in einen Geldbetrag umgerechnete) Ergebnis der betrieblichen Tätigkeit, also der Güter und Dienstleistungen, die in Euro und Cent umgerechnet werden. In vielen Fällen ist es notwendig, nicht nur Leistungen zu erfassen, die für Kunden erbracht wurden, sondern auch die innerbetrieblichen Leistungen zu berücksichtigen, die angemessen bewertet werden müssen. Ansonsten besteht die Gefahr, dass interne Dienstleister (Poststelle, Presseabteilung, EDV-Abteilung) völlig falsch bewertet werden. Allerdings ist hier die Bewertung bis zu einem gewissen Grade Ermessenssache, weil auch hier – wie bei den kalkulatorischen Kosten – kein Geld fließt.

Alle Leistungen müssen in Geld umgerechnet werden

Die Teilgebiete der Kostenrechnung

Kostenrechnung bezieht sich immer auf einen bestimmten Zeitraum. Dabei werden die Kosten auf unterschiedliche Weise betrachtet. Denn es geht darum, verschiedene Aspekte zu klären. Und so unterscheidet man bei der klassischen Kostenrechnung drei Teilgebiete, die jeweils eine andere Frage beantworten sollen:

- Die Kostenartenrechnung: Welche Arten von Kosten sind in einem bestimmten Zeitraum entstanden?
- Kostenstellenrechnung: Wo sind die Kosten entstanden?
- Kostenträgerrechnung: Wofür sind die Kosten entstanden?

Die drei Teilgebiete sind nicht etwa als Alternativen zu verstehen. Sinnvollerweise beschäftigt sich die Kostenrechnung im Unternehmen mit allen drei Aspekten. Zumal sie aufeinander aufbauen: Immerhin ist die Kostenartenrechnung die Grundlage für die beiden anderen Gebiete.

Manche Unternehmen nehmen noch einen vierten Bereich hinzu: die so genannte Prozesskostenrechnung. Allerdings bedarf es einer besonderen Organisation, um die Kosten bestimmten Geschäftsprozessen zuzuordnen.

Kostenartenrechnung

Welche Kosten fallen an?

Die Kostenartenrechnung zeigt, welche Kosten im betreffenden Zeitraum angefallen sind. Diese Kosten werden nach bestimmten Arten aufgegliedert und den Leistungen gegenüber gestellt. Welche Arten erfasst werden, das ist von Betrieb zu Betrieb ganz unterschiedlich. Es hängt von der Größe des Unternehmens ab, aber auch von der Branchenzugehörigkeit und dem Informationsbedürfnis der Geschäftsleitung.

Beispielsweise könnten folgende Arten unterschieden werden:

- Personalkosten
- Materialkosten (Roh-, Hilfs-, Betriebsstoffe)
- Betriebsmittelkosten
- Beraterhonorare, externe Dienstleistungen
- Strom-, Telefon-, Energiekosten
- Kapitalkosten

Kostenstellenrechnung

Die Kosten werden nicht nur nach ihrer „Art" erfasst, sondern es ist auch von Bedeutung, wo, in welchem Bereich sie entstanden sind. So genügt es beispielsweise nicht zu wissen, dass Personalkosten in der-und-der Höhe angefallen sind. Vielmehr sollte auch bekannt sein, wie hoch die Personalkosten in der Fertigung, beim Einkauf, in der Verwaltung und im Vertrieb sind. Dafür ist die Kostenstellenrechnung zuständig.

Wo sind die Kosten entstanden?

Haupt- und Hilfskostenstellen

Es lassen sich zwei Arten von Kostenstellen unterscheiden:
- Hauptkosten- oder Endkostenstellen
- Hilfskosten- oder Vorkostenstellen

Der Unterschied: Die Hauptkostenstellen lassen sich unmittelbar mit der Leistungserstellung in Zusammenhang bringen. Bei einem Industriebetrieb sind das beispielsweise Materialstellen, Fertigungsbereiche, Verwaltungs- und Vertriebsstellen.

Hilfskostenstellen erbringen demgegenüber innerbetriebliche Leistungen für die Hauptkostenstellen. Ihre Leistungen lassen sich nicht unmittelbar den Kostenträgern zurechnen. Solche Hilfskostenstellen betreffen zum Beispiel die Raumkosten, die Energiekosten, Sozialkosten wie für die Kantine und den Werksarzt, Transportkosten und schließlich Fertigungshilfsstellen wie die technische Betriebsleitung, die Arbeitsvorbereitung und die Qualitätsprüfung.

Welche Kostenstellen gibt es?

Jedes Unternehmen hat seine ganz besondere Struktur und Organisation. Daher gibt es keine allgemeingültigen Vorgaben, welche Kostenstellen eingerichtet werden sollten. Das ist vielmehr davon abhängig, wie groß das Unternehmen ist, wie es organisiert ist, welche Bereiche es gibt und wie weit das Erkenntnisinteresse der Führung reicht.

Bei größeren Kostenstellen empfiehlt es sich, sie mit einem eigenen Budget auszustatten, das dann der laufenden Entwicklung anzupassen ist (Einsparungen, Kürzungen oder aber Erhöhung wegen zusätzlicher Aufgaben).

Wie werden die Kostenstellen eingeteilt?

Ein Verant-
wortlicher für
jede Kosten-
stelle

Jede Kostenstelle sollte einem selbständigen Verantwortungsbereich zuzuordnen sein. Es muss *einen* Kostenstellenleiter geben, der die Kosten zu
verantworten hat und der dafür Rechenschaft ablegen muss, etwa ein Meis-
ter oder ein Abteilungsleiter. Auch wenn im Schichtbetrieb gearbeitet wird,
sollte es pro Kostenstelle nur einen Verantwortlichen geben. Üblicherweise
werden die Kostenstellen nach einem der folgenden Kriterien gebildet:

• Kostenstellen nach Abteilungen:
  In der Regel hat jede Abteilung eine Kostenstelle, also der Vertrieb, die
  Fertigung, das Lager, die Verwaltung etc. Häufig ist es sinnvoll, einen
  Bereich zusätzlich zu untergliedern. Etwa wenn es mehrere voneinander
  unabhängige Fertigungsbereiche gibt oder ein Bereich aus mehreren
  Teilen besteht.
• Kostenstellen nach Verantwortungsbereich:
  Sofern die Verantwortungsbereiche von den Abteilungsgrenzen
  abweichen, lassen sich die Kostenstellen auch den Personen zuordnen.
  Nachteil: Werden die Aufgaben und Kompetenzen neu geordnet,
  müssten auch die Kostenstellen neu festgelegt werden.
• Kostenstellen nach örtlicher Aufteilung:
  Ein drittes Organisationsprinzip betrifft die örtliche Aufteilung. Etwa
  wenn die Kosten verschiedenen Außenstellen, Filialen oder
  Vertretungen zugerechnet werden sollen, um sie zu vergleichen.

Das wichtigste Kriterium für eine Kostenstelle ist ihre Abgrenzbarkeit. Au-
ßerdem ist es wichtig, das Raster für die Einteilung weder zu grob zu wählen
(= Aussagekraft gering), aber auch nicht zu fein (= zu großer Aufwand,
Übersicht geht verloren).

Kostenträgerrechnung

Wofür sind
Kosten ent-
standen?

Der dritte Bereich der Kostenrechnung: Die Kosten werden einem bestimmten Kostenträger zugeordnet, mit anderen Worten einem bestimmten
Produkt oder einer Dienstleistung. Es geht also um die Kernfrage: Was
kostet es uns, ein bestimmtes Produkt herzustellen?

Noch genauer aufgeschlüsselt wird die Frage bei der Kostenträgerstückrechnung: Was sind unsere Selbstkosten pro Stück?

Auf diese Weise können Sie herausfinden, ob es überhaupt rentabel ist, ein bestimmtes Produkt anzubieten, oder ob Sie Ihre Produktion nicht besser auf ein anderes Produkt verlagern. Dienstleistungsunternehmen erkennen, ob sich ein bestimmter Auftrag überhaupt noch rechnet und wo mögliche „Kostenfresser" stecken.

Wie viel kostet ein Stück?

Für die Kostenträgerstückrechnung brauchen Sie die Durchschnittsrechnung (→ S. 25), denn Sie möchten ja wissen, wie hoch die Stückkosten im Durchschnitt sind. Nicht der konkrete Einzelfall ist relevant, denn der kann mal besonders kostenintensiv oder besonders günstig sein. Vielmehr interessiert der typische Fall, der Durchschnittsfall.

Was kostet das Würstchen?

Klaus und Ingrid haben sich mit einem Imbissstand selbstständig gemacht. Zunächst bieten sie nur ein Produkt an: Bratwürste, die auf Wunsch mit einem Klecks Senf oder Ketchup versehen werden. Klaus und Ingrid wollen nun wissen, ob sie mit ihrer Preisgestaltung richtig liegen und führen eine Kostenträgerstückrechnung durch. Dazu rechnen sie sämtliche Kosten eines Monats zusammen: Standmiete, Energiekosten, Abschreibung (→ S. 111) für den Grill und seine Ausstattung, Einkaufspreise für die Würste, die Holzkohle, Senf und Ketchup, Lagerkosten, Lohnkosten für eine Aushilfe und „kalkulatorische Lohnkosten" (→ S. 75) für sie selbst. Diese Summe teilen sie durch die Anzahl der Würste, die sie im vergangenen Monat gebraten haben. Das Ergebnis sagt ihnen, wie viel es gekostet hat, eine Wurst zu braten.

Kosten und Leistungen

Bei der Kostenrechnung geht es nicht nur darum, wie viel Geld ausgegeben wird, sondern auch darum, wie viel Geld hereinkommt. Beides wird gegeneinander aufgerechnet: Die Kosten und die Leistungen. Schließlich spricht man ja auch von der Kosten- und Leistungsrechnung (wenngleich sich der Begriff Kostenrechnung mittlerweile durchgesetzt hat).

Eine Frage der Zeit

Das Grundproblem bei der Gegenüberstellung von Kosten und Leistungen: Sie fallen zeitlich auseinander. Anders gesagt, es gibt einen Unterschied zwischen den erzeugten Produkten oder Dienstleistungen und ihrem Absatz, bzw. ihrer Bezahlung. Sie können zwar angeben, wie viel ein Betrieb erzeugt hat und wie viel das kostet, doch wie viel davon tatsächlich verkauft wird, das wissen Sie noch nicht.

Auf der anderen Seite fällt bei Dienstleistungsbetrieben die Auftragsbearbeitung und die Bezahlung selten zusammen. Es gibt Vorschüsse, wenn noch gar keine Leistung erbracht wurde, Ratenzahlungen und eine Schlussrechnung, die zeitlich fernab von der Leistungserstellung liegt.

Gesamtkostenverfahren

Beim Gesamtkostenverfahren wird dieses Problem nicht zufriedenstellend gelöst. Die Kosten werden dem Erlös gegenüber gestellt. Zu den Erlösen werden die Bestandsveränderungen an Halb- und Fertigfabrikaten hinzugezählt (oder abgezogen) ebenso wie die aktivierten Eigenleistungen. Diese Eigenleistungen sowie die noch unverkauften Halb- und Fertigfabrikate werden zu den Herstellkosten bewertet.

Vorteilhaft für Einproduktunternehmen

Der Vorteil: Diese Methode ist vergleichsweise einfach zu handhaben. Allerdings kommt sie nur für Unternehmen in Frage, die nur ein Produkt herstellen, denn sie gibt keinen Aufschluss darüber, wie viel oder wenig ein bestimmter Kostenträger zum Betriebsergebnis beiträgt.

> Umsatzerlöse während des Zeitraums
> + (oder –) Änderungen im Bestand von Halb- und Fertigfabrikaten
> + aktivierte Eigenleistungen
> = Gesamtleistung (aufgeschlüsselt nach Kostenträgern)
> – Gesamtkosten (aufgeschlüsselt nach Kostenarten)
> = Betriebsergebnis

Umsatzkostenverfahren

Beim Umsatzkostenverfahren gehen Sie von den Umsatzerlösen aus. Welche Kostenträger wurden wie oft verkauft? Von dieser Zahl gehen Sie aus und berücksichtigen die Kosten, die für die Erstellung dieser Kostenträger angefallen sind. Nicht abgesetzte Leistungen werden weder bei den Kosten noch bei den Erlösen berücksichtigt. Der Vorteil: Es lässt sich erkennen, wie viel die einzelnen Kostenträger zum Betriebsergebnis beigetragen haben.

> Umsatzerlöse während des Zeitraums
> – Kosten für abgesetzten Produkte (aufgeschlüsselt nach Kostenträgern)
> = Gesamtleistung (aufgeschlüsselt nach Kostenträgern)

Fixkosten und variable Kosten

Sehen Sie sich das Beispiel mit den Bratwürsten etwas genauer an, so bemerken Sie zwei sehr unterschiedliche Arten von Kosten:

* Kosten, die in jedem Fall auf den Standbesitzer zukommen, gleichgültig, wie viele Würstchen er brät. Dazu gehören die Standmiete, die Lohnkosten, die Kosten für die Ausrüstung, die Lagerkosten und die Energiekosten. Diese Kosten, die in jedem Fall entstehen, unabhängig von der Auslastung, nennt man Fixkosten.   `Fixkosten`

* Kosten, die entstehen, wenn der Standbesitzer eine Wurst brät. Dazu gehören die Einkaufspreise für die Würste, den Senf, den Ketchup und die Holzkohle. Solche Kosten sind variable Kosten.   `variable Kosten`

Der Unterschied ist grundlegend. Beide Kostenarten müssen in der Kostenrechnung sorgsam voneinander getrennt werden. Nur so können Sie beurteilen, ob sich ein Auftrag für Ihr Unternehmen lohnt und welchen Preis Sie erzielen müssen, um kostendeckend zu arbeiten.

Nicht immer lassen sich fixe und variable Kosten ganz zweifelsfrei voneinander trennen. So kommt es bei Reparaturkosten darauf an, ob man den Schaden als Folge höherer Auslastung betrachtet (= variable Kosten) oder als altersbedingte Verschleißerscheinung (= Fixkosten). Beide Betrachtungsweisen sind möglich. Schließlich sind bei den Fixkosten noch drei Sonderfälle zu beachten: `Fix oder variabel? Ansichtssache`

* Sprungfixe Kosten ergeben sich, wenn das Unternehmen expandiert und neue Investitionen tätig. Bis zu einem bestimmten Auslastungsgrad bleiben die Fixkosten konstant, dann steigen sie sprunghaft an. Zum Beispiel, wenn ein neuer Mitarbeiter eingestellt oder eine neue Maschine gekauft werden muss.   `Sprungfixe Kosten`

Leerkosten
- Leerkosten fallen an, wenn bestimmte Kapazitäten nicht genutzt werden. Wenn die Auslastung einer Maschine sinkt, steigen ihre Leerkosten.

remanente Kosten
- Von remanenten Kosten spricht man, wenn bei rückläufiger Beschäftigung kostensenkende Anpassungen nicht realisiert werden können. Wenn also wegen vertraglicher Bindung weiterhin Büromiete gezahlt werden muss, obwohl die Räume nicht mehr genutzt werden.

Wie hoch sind die Leerkosten?

Im Unterschied zu den remanenten Kosten sind Leerkosten nicht zu vermeiden, denn eine 100 %ige Auslastung ist selten gegeben und meist nicht einmal wünschenswert, weil dann keinerlei Spielraum mehr bleibt, Produktionsspitzen auszugleichen.

Notwendige Leerkosten
Fixkosten bestehen also immer aus einem Anteil an Leerkosten. Den eigentlich „produktiven" Teil der Fixkosten nennt man Nutzkosten. Für einen Betrieb sollte es darum gehen, den Anteil der Leerkosten gering zu halten. Die Höhe der Leerkosten können Sie berechnen. Nach der folgenden Formel:

$$Leerkosten = \frac{(maximale\ Auslastung - effektive\ Auslastung)}{maximale\ Kapazität} \cdot Fixkosten$$

Wie beeinflussen fixe und variable Kosten die Stückkosten?

Der entscheidende Unterschied zwischen fixen und variablen Kosten: Bei steigender Produktion bzw. steigendem Absatz wirken sie sich verschieden auf die Stückkosten aus:

Fixkosten
- Die Fixkosten bleiben konstant; egal, ob viel oder wenig produziert wird. Die Folge: Die Stückkosten *sinken, je mehr produziert* wird.

variable Kosten
- Die variablen Kosten steigen mit einer höheren Produktion. Dadurch sinken die Stückkosten bei höheren Stückzahlen weit weniger oder gar nicht. Sie können auch gleichbleiben. Dann ist es für die variablen Kosten unerheblich, ob viel oder wenig produziert wird.

Was das konkret bedeutet, können wir uns wiederum am Beispiel des Würstchenverkäufers verdeutlichen: Wenn er nur eine einzige Bratwurst verkaufen kann, sind die Stückkosten enorm, denn die Fixkosten (Standmiete, Geräte etc.) sind sehr hoch. Verkauft er tausend Bratwürste, kann er seine Fixkosten auf diese tausend Stück verteilen. Je mehr er verkauft, desto geringer seine Belastung. Und weil er die Würste zu einem gleichbleibenden Preis verkauft, steigt mit jeder verkauften Wurst sein Gewinn.

Fixkosten müssen verteilt werden

Anders bei den variablen Kosten: Wenn er tatsächlich nur eine Bratwurst verkauft, bleiben auch seine Kosten gering. Wenn mehr Würste auf den Grill wandern, steigen auch die Kosten.

Kosten pro Stück

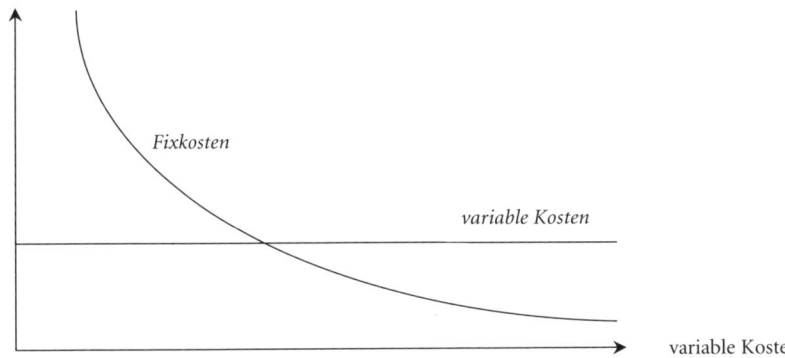

Fixkosten

variable Kosten

variable Kosten

Fixe und variable Kosten pro Stück

Je mehr Stück verkauft werden, um so stärker sinken die Fixkosten pro Stück. Die variablen Stückkosten bleiben konstant.

Vorsicht bei zu hohem Fixkostenanteil

Je höher der Anteil der Fixkosten liegt, desto stärker ist das Unternehmen von einer hohen Auslastung abhängig. Bei Unterbeschäftigung könnte es gezwungen sein, auch Aufträge anzunehmen, für die es weniger als seine Selbstkosten bekommt.

Zwar erhöht ein hoher Fixkostenanteil das Risiko, hohe Verluste zu erleiden, doch muss er nicht immer nachteilig sein. Vor allem dann nicht, wenn sozusagen das Geschäft „brummt" und hohe Stückzahlen abgesetzt werden können. Software beispielsweise ist ein Produkt, das fast ausschließ-

lich aus Fixkosten besteht und das hohe Gewinne abwirft, wenn es in großen Mengen verkauft werden kann.

| **Hohe variable Kosten schmälern hohe Gewinne**

Nehmen wir an, der Würstchenverkäufer will seine Kostenstruktur verbessern
und möchte nun möglichst alle Fixkosten in variable Kosten umwandeln. Dazu
müssen wir zu einer gedanklichen Hilfskonstruktion greifen: Alle seine Fixkosten werden von einer Firma, sagen wir: dem Würstchenhersteller, übernommen. Die Firma wandelt diese Fixkosten für den Verkäufer in variable um.
Der Verkäufer muss nun also für jede Wurst, die er verbrät, einen festen Betrag an die Firma entrichten, das sind seine variablen Kosten.

Wie hoch dieser Betrag ist, das richtet sich danach, was die Firma an Ver-
kaufszahlen einkalkuliert. Geht sie davon aus, dass der Verkäufer sicher 300
Würstchen absetzt, wird sie den entsprechenden Betrag auf den Verkäufer
umlegen. Erreicht er also dieses sichere Verkaufsziel, steht er genauso gut da,
als hätte er selbst die Fixkosten übernommen. Übertrifft er das Verkaufsziel,
steht er schlechter da. Denn er muss ja weiter die (höheren) variablen Kosten
pro verkaufter Wurst tragen. Nur wenn er weniger absetzt, lohnt sich für den
Verkäufer die Umwandlung der Fixkosten in variable.   ◄

Einzelkosten und Gemeinkosten

Vor allem für die Kostenträger-Rechnung sehr wichtig: Nicht alle Kosten
lassen sich einer bestimmten Position zuordnen. Deshalb wird unterschieden zwischen Einzelkosten und Gemeinkosten.

Einzelkosten
- Sie können die Einzelkosten ohne weiteres einer einzigen Position,
  einem Kostenträger, zuschlagen. Beispielsweise die Materialkosten oder
  der Einkaufspreis einer bestimmten Ware. Bei der
  Kostenstellenrechnung: Die Gehälter, die für die Verwaltung gezahlt
  werden. Einzelkosten passen genau in eine der vorgefertigten
  Schubladen.

Gemeinkosten
- Die Gemeinkosten lassen sich nicht eindeutig einer einzigen Position
  zuordnen. Zwei oder mehr Positionen sind betroffen. Typische
  Beispiele: Die Kosten für Energie, Gebäudemiete, den Pförtner,

Öffentlichkeitsarbeit, Versicherungen. Diese Kosten werden zunächst gesammelt und dann mit Hilfe bestimmter Schlüssel (→ S. 19) auf verschiedene Positionen verteilt.

Was als Einzelkosten und was als Gemeinkosten zu betrachten ist, das hängt ganz davon ab, wie Sie Ihre Kostenträger (oder Kostenstellen) festgelegt haben. Bleiben wir bei unserem einfachen Beispiel, dem Imbissstand. Um den Unterschied von Einzel- und Gemeinkosten deutlich zu machen, brauchen wir allerdings einen zweiten Kostenträger.

Kostenrechnung mit Bratwurst und Pommes

Der Imbissstand bietet zwei Produkte an: Würste und Pommes Frites. Das sind zwei Kostenträger. Als Einzelkosten können den Würsten zugeordnet werden: Die Kosten für die Würste, den Senf und die verbrauchte Holzkohle, die Abschreibungen für den Grill. Einzelkosten für die Pommes Frites: Kosten für die Kartoffeln, das Frittierfett, Abschreibungen für die Friteuse und Geräte.

An Gemeinkosten fallen an: Standmiete, Energiekosten, Lagerkosten, Versicherungen, Lohnkosten für die Aushilfe und „kalkulatorische" Lohnkosten für die eigene Tätigkeit. Diese Kosten müssen auf beide Kostenträger verteilt werden. Wenn allerdings die Aushilfe ausschließlich für die Zubereitung der Bratwürste eingesetzt wird, sind ihre Lohnkosten Einzelkosten und müssen dem Kostenträger „Bratwurst" zugeordnet werden. ◀

Praxis-Beispiel

Wie verteilen Sie die Gemeinkosten?

Die entscheidende Frage bei den Gemeinkosten heißt: Wie sollen sie auf die verschiedenen Positionen verteilt werden? Diese Frage lässt sich gar nicht so ohne weiteres beantworten. Klare Richtlinien gibt es nicht. Vielmehr steht es im Ermessen desjenigen, der den Verteilerschlüssel festlegt, welchen Anteil er auf welche Position umlegt. Im Prinzip gibt es drei Möglichkeiten, die Kosten zu verteilen.

Verteilerschlüssel entwickeln

- Die Gemeinkosten werden zu gleichen Teilen auf die Kostenträger (oder Kostenstellen) verteilt. Vorteil: Die einfachste Lösung. Nachteil: Kostenträger mit geringem Umsatzvolumen werden zu stark belastet.
- Die Gemeinkosten werden nach der Größe der Kostenträger und Kostenstellen verteilt. Zum Beispiel: Kostenträger mit einem großen

Umsatzvolumen werden stärker belastet. Oder Kostenstellen werden gemäß der Anzahl ihrer Mitarbeiter belastet. Vorteil: Mehr Gerechtigkeit. Nachteil: Aufwändiges Verfahren.

• Die Gemeinkosten werden so verteilt, dass derjenige Kostenträger, der mutmaßlich den größten Nutzen daraus zieht, am stärksten belastet wird. Zum Beispiel: Die Heizkosten werden auf die Kostenstellen gemäß der Quadratmeterzahl der zugehörigen Räume verteilt.

Die schwierige Annäherung an eine gerechte Lösung

Über die optimale Verteilung der Gemeinkosten lässt sich trefflich streiten. Blicken wir noch einmal auf unseren Imbissstand. Werden dort vor allem Würste, aber nur wenig Pommes Frites verkauft, so treibt es die Kosten für die Pommes in die Höhe, wenn die Gemeinkosten zu gleichen Teilen umgelegt werden. Auf der anderen Seite erscheinen die Würste als zu billig, wenn die Hälfte der Gemeinkosten von den Pommes „geschluckt" werden. Doch eine Verteilung nach Umsatz bringt weitere Probleme mit sich: Was ist, wenn sich der Umsatz ändert? Wenn plötzlich mehr Pommes Frites verkauft werden? Muss der Schlüssel ständig neu festgelegt werden? Und wieso soll ein hoher Umsatz überhaupt mit höheren Gemeinkosten „abgestraft" werden? Nehmen wir an, von einzelnen Gemeinkosten würde eher der umsatzschwache Kostenträger profitieren. Dann wäre es doch ungerecht, den Umsatzbringer mit höheren Kosten zu belasten.

Tatsächlich ist die Verteilung der Gemeinkosten eine komplizierte und höchst umstrittene Angelegenheit. Mit dem geeigneten Schlüssel können einzelne Kostenträger nämlich schön- oder schlechtgerechnet werden. Insoweit lohnt es sich auch, die Schlüssel hin und wieder zu überprüfen.

Verteilung nach Umsatz?

Ist-, Normal- und Plankostenrechnung

Bei der Kostenrechnung lassen sich drei Methoden unterscheiden, die aufeinander aufbauen. Die Normalkostenrechnung lässt sich nicht ohne Istkostenrechnung betreiben, ebenso kommt die Plankostenrechnung nicht ohne die beiden anderen Methoden aus:

- Die Istkostenrechnung erfasst die effektiv angefallenen Kosten. Damit ist sie die genaueste Methode. Diese Genauigkeit ist allerdings auch ihr Nachteil: Sie bildet die Vergangenheit präzise ab. Mit allen zufälligen Schwankungen. Außergewöhnliche Belastungen schlagen voll zu Buche und verzerren mitunter eine realistische Kalkulation. Deshalb dient die Istkostenrechnung hauptsächlich der Nachkalkulation. *(Istkostenrechnung)*

- Die Normalkostenrechnung versucht die Nachteile der Istkostenrechnung auszugleichen: Zufällige Schwankungen werden geglättet, auf einen Durchschnittswert hin „normalisiert". Ebenso werden wechselnde Beschaffungspreise zu einem konstanten Verrechnungspreis verstetigt. Es kann auch mit Schätzpreisen gerechnet werden. *(Normalkostenrechnung)*

- Die Plankostenrechnung stützt sich auf die beiden anderen Methoden. Es wird überprüft, inwieweit das Unternehmen die Kostenvorgaben, eben die Plankosten, einhält. Dies geschieht durch einen Soll/Ist-Vergleich. *(Plankostenrechnung)*

Die Normalkostenrechnung ist auch unter dem Namen „kurzfristige Erfolgsrechnung" bekannt. Durch die Kalkulation mit „Verrechnungspreisen", Durchschnittswerten und „normalisierten" Kosten lässt sich leichter und vor allem schneller rechnen. Gerade bei größeren Betrieben wäre es viel zu aufwändig, immer die genauen Istkosten zu ermitteln.

Die Normalkostenrechnung verfährt sozusagen großzügiger, kann dadurch aber auch sehr viel zeitnäher sein. Bedrohliche Entwicklungen können wesentlich rascher erkannt werden. Für eine leistungsfähige Normalkostenrechnung ist allerdings unbedingt erforderlich, dass die Verrechnungspreise immer wieder an die tatsächlichen Kosten angebunden werden, die durch die Istkostenrechnung ermittelt werden.

Preiskalkulation

Bekanntlich bilden sich Preise am Markt, durch Angebot und Nachfrage. Von diesen Marktpreisen kann nur schwer abgewichen werden. Dennoch ist es wichtig, die Preise realistisch zu kalkulieren. Auf diese Weise erkennen Sie nämlich, ob Sie zu teuer produzieren (oder einkaufen). Dies ist der Fall, wenn Ihr kalkulierter Verkaufspreis über dem Marktpreis liegt. *(Wie Sie Ihre Preise kalkulieren)*

Nun gibt es zwei Methoden der Preiskalkulation: Die Vollkosten-Methode und die Deckungsbeitragsrechnung. In diesem Abschnitt erfahren Sie, wie nach der Vollkosten-Methode kalkuliert wird. Im darauf folgenden Abschnitt lernen Sie die Deckungsbeitragsrechnung kennen.

zwei Methoden

Kalkulation in der Industrie

Um den Preis eines Produkts zu kalkulieren, brauchen wir die Kostenträgerrechnung, genauer die Kostenträgerstückrechnung. Sie müssen wissen, wie viel Kosten das einzelne Produkt verursacht.

Preiskalkulation der Industrie (Vollkosten)

Materialeinzelkosten	€
+ Materialgemeinkosten (anteilig)	€
= Materialkosten	€
+ Fertigungslohn	€
+ Fertigungsgemeinkosten (anteilig)	€
+ Sondereinzelkosten der Fertigung	€
= Herstellkosten	€
+ Verwaltungskosten (anteilig)	€
+ Vertriebskosten (anteilig)	€
+ Sondereinzelkosten des Vertriebs	€
= Selbstkosten	€
+ Gewinnspanne	€
= Barverkaufspreis	€
+ Kundenskonto (z.B. 2,041 % vom Barverkaufspreis)	€
+ Vertreterprovision	€
= Zielverkaufspreis	€
+ Kundenrabatt	€
= Nettoverkaufspreis	€
+ Umsatzsteuer (+ 16 % oder 7 % vom Nettoverkaufspreis)	€
= Bruttoverkaufspreis	€

Alle Kosten, Einzel- und Gemeinkosten, Material-, Fertigungs-, Verwaltungs- und Vertriebskosten werden aufsummiert, dann haben Sie den Selbstkostenpreis, einen sehr wichtigen Wert, weil Sie daran ablesen können, ob Sie überhaupt kostendeckend arbeiten. Liegt der Barverkaufspreis unter den Selbstkosten, bekommen Sie über kurz oder lang Probleme. Näheres dazu im Abschnitt über die Deckungsbeitragsrechnung (→ S. 80).

Um zum Bruttoverkaufspreis, also dem Endverbraucherpreis, zu gelangen, *Muster* müssen Sie die Gewinnspanne, alle Rabatte, Provisionen und Steuern hinzurechnen. Nach dem Muster auf der vorhergehenden Seite

Kalkulation im Handel

Im Handel wird ganz ähnlich verfahren. Nur sind die ersten Stufen der Kalkulation naturgemäß andere, da die Ware ja nicht hergestellt, sondern *Muster* mit ihr Handel getrieben wird. Eine wichtige Größe ist der Handlungskostenzuschlag (weiter gehts auf der nächsten Seite – hier folgt das Muster.)

Einkaufspreis	€
− Lieferskonto (z. B. 2 % vom Einkaufspreis)	€
+ Einkaufskosten	€
= Bareinkaufspreis	€
+ Bezugskosten	€
= Einstandspreis (Bezugspreis)	€
+ Handlungskostenzuschlag	€
= Selbstkosten	€
+ Gewinnspanne	€
= Barverkaufspreis	€
+ Kundenskonto (z.B. 2,041 % vom Barverkaufspreis)	€
+ Kundenrabatt	€
= Nettoverkaufspreis	€
+ Umsatzsteuer (16 % vom Nettoverkaufspreis)	€
= **Bruttoverkaufspreis**	€

Preiskalkulation
im Handel
(Vollkosten)

Damit werden alle Betriebs- und Geschäftskosten erfasst, eine Vielzahl von Gemeinkosten wie Raummiete, Personalkosten, Energie, Fuhrpark, Gebühren und Versicherungen. Diese Gemeinkosten müssen über einen Schlüssel auf die einzelnen Waren umgelegt werden. Dazu müssen Sie allerdings vorher in etwa abschätzen können, wie viel Sie von jeder Ware verkaufen.

Deckungsbeitragsrechnung

Ein unverzichtbares Instrument zur betrieblichen Planung und Gewinnsteuerung ist die Deckungsbeitragsrechnung. Bei kleineren Unternehmen steht sie oftmals in dem Ruf, für die eigene Kalkulation zu aufwändig und zu kompliziert zu sein. Und so hält man sich lieber an die vertraute Vollkostenrechnung (siehe unten).

Nur die variablen Kosten werden berücksichtigt Tatsächlich lässt sich die Deckungsbeitragsrechnung zu einer hohen Kunst ausbauen und als vieldimensionale, mehrstufige, sequenzielle Erfolgsquellenanalyse betreiben, bei der es gar nicht mehr unmittelbar um die Produkte geht, sondern um Entscheidungsalternativen und ihre Auswirkungen auf die Kosten.

Deckungsbeitragsrechnung kann tatsächlich zu einer Sache von Spezialisten werden, sie muss es aber nicht. Denn ihr Grundprinzip ist einfach und einleuchtend: Es geht um die gesonderte Betrachtung der variablen Kosten, während die Fixkosten zunächst einmal unberücksichtigt bleiben.

Was leistet die Deckungsbeitragsrechnung?

Durch die Trennung von variablen und fixen Kosten wird eine genauere und marktgerechte Preiskalkulation möglich, vor allem wenn es um die kurzfristige Preisgestaltung geht. Als unabdingbar erweist sie sich in drei Fällen:

- Wenn ein Preiskampf stattfindet und Sie genau wissen müssen, wie weit Sie mitgehen können und an welchem Punkt die „Schmerzgrenze" erreicht ist.
- Wenn Ihr Unternehmen Zusatzaufträge bekommt und Sie prüfen müssen, ob dieser Auftrag rentabel ist.

- Wenn Sie aus strategischen Gründen ein Produkt anbieten wollen, das Sie unter dem Selbstkostenpreis verkaufen müssen, und wissen möchten, wie sich dadurch Ihre Ertragslage ändert.

Außerdem erlaubt Ihnen die Deckungsbeitragsrechnung zu erkennen,

- welche Produkte oder Dienstleistungen die günstigste Kostenstruktur haben und weiter forciert werden sollten,
- welche Preise Sie kurz- oder mittelfristig erreichen müssen und
- welche Preisnachlässe Sie verkraften können, ohne dass Ihr Betrieb oder Ihr Geschäft in Zahlungsschwierigkeiten gerät.

Was ist Vollkostenrechnung?

Bei der Vollkostenrechnung werden sämtliche Kosten aufaddiert und den Umsatzerlösen gegenüber gestellt. Auch wenn verschiedene Kostenarten erfasst werden, Einzel- und Gemeinkosten gesondert ausgewiesen werden, so betrachtet die Vollkostenrechnung alle Kosten prinzipiell als gleichartig, die in ihrer Summe der Preiskalkulation zugrunde gelegt werden müssen (siehe oben).

Kosten gegenüber Erlösen

Damit gibt die Vollkostenrechnung darüber Auskunft, welche Preise Sie langfristig erzielen müssen, um kostendeckend zu arbeiten. Denn egal, ob fixe oder variable Kosten, beide sind real und müssen durch entsprechende Umsatzerlöse gedeckt werden, sonst rutscht Ihr Unternehmen in die Verlustzone.

Der Deckungsbeitrag

Und doch gibt es einen wichtigen Unterschied zwischen fixen und variablen Kosten: Fixkosten entstehen typischerweise dadurch, dass die Betriebsbereitschaft aufrecht erhalten wird. Sie fallen in voller Höhe an, gleichgültig, wie viele oder ob überhaupt Güter erstellt werden.

Differenz Deckungs- beitrag

Genau hier setzt die Deckungsbeitragsrechnung an: Nicht die gesamten Kosten, also die Vollkosten, werden betrachtet, sondern vom Erlös, den ein Kostenträger erbringt, werden seine variablen Kosten abgezogen. Die Differenz ist der Deckungsbeitrag.

> *Deckungsbeitrag = Erlös – variable Kosten*

Der Deckungsbeitrag gibt an, wie viel der jeweilige Kostenträger zur Deckung der verbleibenden (Fix-)Kosten beiträgt. Bei der einfachsten Form der Deckungsbeitragsrechnung, dem Direct costing, werden die Deckungsbeiträge aller Kostenträger zusammenaddiert. Von dieser Summe werden die gesamten Fixkosten abgezogen, die eben nicht mehr auf die Kostenträger verteilt werden. Was übrig bleibt, ist das Betriebsergebnis.

Stückdeckungsbeitrag

Der Deckungsbeitrag lässt sich auch umrechnen auf die Stückkosten. Mit dieser Größe, dem Stückdeckungsbeitrag, können Aufträge auf einfache Weise zahlengenau kalkuliert werden. Außerdem wird die Kostenstruktur der Produkte transparenter. Sie erkennen leicht, welche Auswirkung es auf die Kosten hat, wenn Sie Ihre Stückzahl erhöhen können oder reduzieren müssen.

> *Stückdeckungsbeitrag = Barverkaufspreis – variable Stückkosten*

Gleichgültig, ob Sie 10 oder 1.000 Stück verkaufen, der Stückdeckungsbeitrag bleibt – wenigstens in der Theorie – konstant. Und das vereinfacht erheblich Ihre Kalkulation, wie viel Sie absetzen müssen, um Ihre Kosten zu decken.

Praxis-Beispiel

Wie viel Würste, wie viel Pommes Frites?

Bei unserem Imbissstand haben wir folgende Kostenlage: Der Stückdeckungsbeitrag für eine Bratwurst beträgt 1,10 €. Für eine Tüte Pommes liegt er bei 2,00 €. Dem stehen monatliche fixe Kosten in Höhe von 8.000,00 € gegenüber.

Diese fixen Kosten müssen gedeckt werden. Nehmen wir an, der Imbissstand kann höchstens 3.000 Tüten Pommes pro Monat absetzen, realistischer ist ein Wert von 2.000 Tüten. Diese 2.000 Tüten decken bereits 4.000,00 € der Fixkosten (2.000 x 2,00 €). Bleiben noch 4.000 €. Bei einem Stückdeckungsbeitrag von 1,10 € müssen noch 3.637 Würste im Monat verkauft werden (4.000 / 1,1), um kostendeckend zu arbeiten.   ◀

Die Deckungsspanne

Wenn Sie die Ertragskraft eines Produkts beurteilen möchten, genügt es nicht, auf die Höhe des Deckungsbeitrags zu schauen. Bei einem Produkt, für das Sie 10 € erlösen, ist ein Stückdeckungsbeitrag von 7,50 € deutlich günstiger zu beurteilen als bei einem Produkt, das Sie für 100 € anbieten.

Die eigentlich entscheidende Maßzahl, mit der Sie die Rentabilität einer Ware beurteilen können, ist also nicht der (Stück-)Deckungsbeitrag, sondern das Verhältnis von Deckungsbeitrag und Umsatzerlös, die so genannte Deckungsspanne, die in Prozent berechnet wird.

$$Deckungsspanne = \frac{Deckungsbeitrag}{Nettoumsatzerlös} \cdot 100$$

Da das Verhältnis von Deckungsbeitrag und Umsatzerlös konstant ist, ergibt sich der gleiche Wert, wenn Sie die Deckungsspanne stückbezogen berechnen und auf den Stückdeckungsbeitrag Bezug nehmen.

$$Deckungsspanne = \frac{Stückdeckungsbeitrag}{Nettopreis} \cdot 100$$

Hohe Deckungsspanne? – Absatz forcieren!

Je höher die Deckungsspanne ausfällt, desto günstiger ist die Kostenstruktur. Wenn Sie den Absatz von Produkten mit der höchsten Deckungsspanne forcieren, verbessern Sie das Betriebsergebnis. ◀

Was sind eigentlich Grenzkosten?

Im Zusammenhang mit der Deckungsbeitragsrechnung taucht oft auch der Begriff der Grenzkosten auf. Nicht immer wird er ganz eindeutig gebraucht. Manche Darstellungen sind sogar irreführend.

Dabei ist die Definition der Grenzkosten gar nicht so kompliziert. Es handelt sich dabei um die Mehrkosten, die für die Produktion der letzten Einheit entstehen. Wenn ein Unternehmen in einem Monat 1.000 Eierkocher herstellt, dann finden Sie die Grenzkosten, indem Sie sich anschauen, wie viel die Produktion von 999 Eierkochern gekostet hätte. Diesen Betrag zie-

Mehrkosten für die letzte Einheit

hen Sie von den Produktionskosten für 1.000 Eierkocher ab. Die Differenz sind die Grenzkosten, nämlich die Mehrkosten für den letzten Kocher.

Grenzkosten = variable Stückkosten?

Wie hoch aber sind diese Mehrkosten? Im einfachsten Fall entsprechen sie genau den variablen Stückkosten. Nämlich dann wenn die variablen Kosten *linear* steigen, die variablen Stückkosten also konstant bleiben. Wenn also die Produktion eines Eierkochers variable Kosten in Höhe von 1,60 € verursacht, betragen die variablen Kosten für die Produktion von tausend Eierkochern 1.600 €. Die variablen Stückkosten bleiben eben immer gleich bei 1,60 €.

Variable Stückkosten bleiben nicht immer gleich

Dieser Fall ist aber nicht immer gegeben. Manchmal verändern sich die variablen Stückkosten, wenn die Produktion zunimmt. Die Kosten können steigen oder fallen, sich progressiv oder degressiv verhalten. Auch Sprünge können durchaus vorkommen. Wenn Sie sich vorstellen, dass Sie ab einer bestimmten Bezugsmenge Rabatt in Anspruch nehmen und dadurch Ihre (variablen) Materialkosten senken.

Variable Stückkosten als Durchschnittswert

Das Problem ist nur: Wenn sich die variablen Stückkosten verändern, kann die Kalkulation sehr kompliziert werden. Rabatte können Sie ja noch berücksichtigen, aber wie wollen Sie degressiv steigende Stückkosten berechnen?

Vereinfachung

Deshalb wird vereinfacht: Sie rechnen alle variablen Kosten eines Kostenträgers zusammen und dividieren den Betrag durch die Stückmenge. Das sind Ihre variablen Stückkosten. Durch die Art, wie sie berechnet werden, müssen sie konstant sein. Denn genau genommen handelt es sich um einen Durchschnittswert.

Keine echte Grenzkostenrechnung

Wohlverstanden: Es ist sehr zweckmäßig, mit diesem Wert zu rechnen. Und doch ist es ein wenig irreführend, in diesem Zusammenhang den Begriff der Grenzkosten ins Spiel zu bringen. Denn wenn die variablen Stückkosten ohnehin konstant bleiben, ist es völlig unerheblich, an welchem Punkt Sie messen, ob beim ersten oder beim letzten Produkt.

Doch genau darauf kommt es bei einer „echten" Grenzkostenrechnung an: Wie viel an Mehrkosten sind an der *Grenze* entstanden, beim zuletzt gefertigten Stück? Wie viel an Ertrag steht dem gegenüber? Erst wenn es *Unterschiede* bei den variablen Stückkosten gibt, ist die Grenzkostenrechnung tatsächlich relevant – und auch kompliziert. Mit der einfachen Kostenrechnung, um die es hier geht, kommen Sie dann nicht mehr aus.

Kurzfristige Preiskalkulation

Mit Hilfe der Deckungsbeiträge können Sie Aufträge genauer kalkulieren. Vereinfacht gesprochen berücksichtigen Sie zunächst nur die Kosten, die unmittelbar durch den Auftrag entstehen, die variablen Kosten.

Wenn ein Industriebetrieb tausend Toaster zusätzlich fertigen muss, entstehen Kosten, die er nicht hätte, wenn er den Auftrag ablehnen würde. Und nur diese Kosten werden erst einmal berücksichtigt. Ziehen Sie den Betrag vom Umsatzerlös ab, erhalten Sie den Deckungsbeitrag. Ist er negativ, wäre es ruinös, den Auftrag anzunehmen. Denn mit jedem Stück, das der Betrieb zu diesem Preis fertigt, würde er seinen Verlust vergrößern.

Deckungsbeitragsrechnung mit Edelstahlkannen

Ein Sorgenkind der Firma Solido sind ihre Edelstahlkannen. Das Unternehmen kann monatlich maximal 6.000 Kannen herstellen. Der kalkulierte Verkaufspreis liegt bei 17,50 € pro Kanne. Bei voller Auslastung liegen die Selbstkosten bei 15,00 € pro Kanne. Die Firma würde also – bei voller Auslastung – einen Gewinn von 2,50 € pro Kanne erzielen.

Für den laufenden Monat sind aber nur 3.000 Kannen geordert worden. Da winkt ein Zusatzauftrag: Ebenfalls 3.000 Kannen – allerdings will der Auftraggeber nur 10,00 € pro Stück zahlen.

Für die Vollkostenrechnung ein klarer Fall: Auftrag ablehnen! Ein Verkaufspreis, der 5,00 € unter den Selbstkosten liegt, verursacht bei einer Menge von 3.000 Stück genau 15.000 € Verlust.

Die Deckungsbeitragsrechnung kommt zu einem ganz anderen Ergebnis: Die Selbstkosten setzen sich zusammen aus 7,50 € variablen und 7,50 € fixen Kosten. Die gesamten Fixkosten betragen 45.000 €. Der Zusatzauftrag würde also kein Loch in die Firmenfinanzen reißen, sondern brächte immerhin noch 2,50 € Deckungsbeitrag pro Kanne, bei 3.000 Stück also 7.500 €. Zusammen mit den 3.000 Kannen zum regulären Preis von 17,50 € (Deckungsbeitrag 10,00 €) ergibt sich ein Betrag von 37.500 €. Das reicht zwar nicht, um alle Fixkosten zu decken, jedoch wird der Verlust für Solido nicht größer, sondern eben um jene 7.500 € Deckungsbeitrag kleiner, wenn der Auftrag angenommen wird.   ◂

So finden Sie den Mindestpreis

Kalkulation unter Preisdruck

Nicht wesentlich anders als bei der kurzfristigen Preiskalkulation gehen Sie vor, wenn Sie den Mindestpreis für ein Produkt oder eine Dienstleistung kalkulieren. In umkämpften Märkten ist der Preisdruck mitunter so hoch, dass sich Unternehmen gezwungen sehen, unter dem Selbstkostenpreis zu verkaufen. Das ist zwar nur eine begrenzte Zeit durchzuhalten, kurzfristig kann sich das betreffende Unternehmen jedoch am Markt behaupten, was ihm auf längere Sicht – nach entsprechender „Marktbereinigung" – dann doch entscheidende Vorteile verschafft.

Die „natürliche" Untergrenze

Allerdings gibt es für den Preisverfall eine Schmerzgrenze: Die Grenzkosten bzw. in unserer Betrachtung die variablen Stückkosten (→ S. 84). Wer seine Preise unter diese Marge senkt, stellt die Regeln des Marktes auf den Kopf. Denn je mehr er verkauft, desto höher werden seine Verluste. Anders gesagt: Je größer sein Markterfolg, desto sicherer sein Ruin.

$$Mindestpreis \geq \frac{Grenzkosten}{variable\ Stückkosten}$$

Welche Grenzkosten?

Eine kurze Theorie der Grenzkosten

Rufen wir uns noch einmal in Erinnerung: Grenzkosten sind diejenigen Mehrkosten, die durch die Fertigung des letzten Stücks entstehen. Liegt an dieser Stelle der Preis noch unter den Mehrkosten, so produzieren Sie durch die Fertigung einen Verlust. Das heißt, es wäre günstiger, *dieses* Stück *nicht* zu fertigen. Die Grenze verschiebt sich also zum vorletzten Stück. Liegt auch hier der Preis über den Mehrkosten, gehen Sie immer weiter zurück, bis Sie ein Produkt erreicht haben, dessen Mehrkosten durch den Mindestpreis gedeckt wird.

So weit die Theorie der Grenzkosten. Da aber die Berechnung der „echten" Grenzkosten wie erwähnt recht kompliziert sein kann, können wir uns in unserer Rechenpraxis an die variablen Stückkosten halten.

Auch Mindestpreise müssen sich rechnen

Die Deckungsbeitragsrechnung gibt Ihnen auch Aufschluss darüber, ob Sie bei einem strategisch wichtigen Produkt die Mindestpreise länger halten können. Wenn die Unternehmensfixkosten durch andere Kostenträger gedeckt sind, arbeitet das Unternehmen weiterhin rentabel und kann seine Verluste auffangen. Unter solchen Voraussetzungen können Mindestpreise sogar dauerhaft gehalten werden.

Das hat jedoch nur einen Sinn, wenn dadurch der Absatz anderer Produkte steigt. Zum Beispiel: Ein Café bietet seinen Kuchen unter dem Selbstkostenpreis an. Dadurch kommen mehr Gäste, die dann auch Kaffee oder Tee konsumieren, die weit über dem Selbstkostenpreis verkauft werden. Entscheidend ist einmal, dass insgesamt kostendeckend gearbeitet wird. Und dass die niedrigen Preise für die eine Ware tatsächlich den Absatz der anderen Ware ankurbelt. Wäre das nicht so, sollte das Café auf den Verkauf von Kuchen verzichten und stattdessen die Preise für Kaffee und Tee herabsetzen.

Mindestpreise müssen strategisch sein

Mehrstufige Deckungsbeitragsrechnung

Zum Abschluss des Kapitels möchten wir noch einen kurzen Ausblick geben auf die mehrstufige Deckungsbeitragsrechnung. Sie erlaubt eine differenziertere Betrachtung der Kostenstruktur. Der große Posten der Fixkosten wird weiter unterteilt. Die verschiedenen Fixkosten werden von den einzelnen Kostenträgern sozusagen Schritt für Schritt gedeckt. Dabei sind verschiedene Stufensysteme denkbar. Zum Beispiel:

- Ausgehend vom Produkt werden speziellere und allgemeinere Fixkosten unterschieden. Zum Beispiel: 1. Fixkosten, die dem Produkt direkt zugeordnet werden können. 2. Fixkosten der Produktgruppe. 3. Fixkosten des Unternehmens.

- Die Fixkosten werden nach ihrer Fälligkeit eingeteilt: in kurzfristige, mittelfristige und langfristige bzw. nicht ausgabenwirksame, kalkulatorische Fixkosten.
- Verschiedene Grade der Disponierbarkeit. Dabei geht es darum, ob sich die Fixkosten mittelfristig oder langfristig reduzieren lassen, ob sie unveränderlich festliegen oder sogar noch in Zukunft ansteigen (z.B. Miete)?

Eine solche mehrstufige Deckungsbeitragsrechnung ist nicht ganz einfach; in manchen Fällen übersteigt der Aufwand auch bei weitem den Nutzen; denn je komplizierter die Kostenrechnung wird, desto mehr Kosten produziert sie. Deshalb möchten wir abschließend eine einfache zweistufige Kostenträger-Analyse vorstellen, die auch für kleinere Unternehmen lohnend sein kann.

Die zweistufige Kostenträger-Analyse

Für kleinere Unternehmen

Voraussetzung für eine zweistufige Kostenträger-Analyse ist, dass es mehrere Kostenträger gibt, die sich klar voneinander trennen lassen, nicht etwa Varianten eines einzigen Produkts. Als erstes spalten Sie den Block der Fixkosten in zwei Teile:

- Spezielle Fixkosten, die den Kostenträgern direkt zugeordnet werden können. Dazu zählen etwa Fixkosten für Marketing, Vertrieb, Produktion und Materialwirtschaft.
- Allgemeine Fixkosten, die das gesamte Unternehmen betreffen und die keinen direkten Zusammenhang mit dem einzelnen Kostenträger haben. Darunter fallen etwa Kosten für die Unternehmensleitung, das Finanz- und Rechnungswesen, das Controlling und die allgemeine Verwaltung.

Erste Stufe: Rechnen Sie die variablen Kosten ab

Deckungs-beitrag 1

Auf der ersten Stufe verfahren Sie wie beim „Direct costing", also dem einstufigen Verfahren: Rechnen Sie vom Netto-Umsatzerlös die variablen Kosten ab. Das Ergebnis ist der „Deckungsbeitrag 1".

Zweite Stufe: Rechnen Sie die speziellen Fixkosten ab

Von diesem Deckungsbeitrag müssen Sie nun die speziellen Fixkosten abrechnen, also diejenigen, die sich dem Kostenträger direkt zurechnen lassen.
Der Grund: Sie möchten erfahren, inwieweit der Kostenträger in der Lage
ist, die Fixkosten, die er direkt verursacht hat, selbst zu decken. Vielleicht
müssen ja bereits diese Kosten von anderen Kostenträgern gedeckt werden.
Während bei dem einstufigen Verfahren alle Fixkosten in einen Topf ge-
worfen werden und damit nicht mehr zu unterscheiden sind, haben Sie nun
die Möglichkeit zu beurteilen, wie rentabel der Kostenträger wirklich ist.
Haben Sie beispielsweise eine Produktgruppe in Ihrem Sortiment, die hohe
Fixkosten verursacht, können Sie mit dem einstufigen Verfahren nicht fest-
stellen, ob sich diese Produktgruppe selbst trägt oder nur Kosten verursacht,
es also günstiger wäre, sie aus dem Programm zu nehmen.

*Deckungs-
beitrag 2*

Zweistufige Kostenträger-Analyse im Lebensmittelgeschäft

In einem Lebensmittelgeschäft möchte der Filialleiter drei Produktgruppen
(= Kostenträger) vergleichen: Die Milchprodukte, Fleisch- und Wurstwaren
sowie Obst und Gemüse. Jedem der drei Kostenträger lassen sich spezifische
Fixkosten zuordnen: Kosten für Geräte, Regale etc., Lohnkosten für das Ver-
kaufspersonal, ja sogar die Raummiete lässt sich gemäß der beanspruchten
Fläche *teilweise* auf die Kostenträger umlegen. Die anteilige Miete für die übrigen Flächen, für das Personal an den Kassen etc. zählt hingegen zu den allgemeinen Fixkosten. Daraus ergibt sich folgende Tabelle, wobei die Zahlen
keinen Anspruch auf Realitätsnähe erheben:

	Milch/Käse	Fleisch/Wurst	Obst/Gemüse
Netto-Umsatzerlös	5.000	10.000	8.000
- variable Kosten	3.500	6.000	6.000
= Deckungsbeitrag 1	1.500	4.000	2.000
Deckungsspanne 1	*30 %*	*40 %*	*25 %*
- spezielle Fixkosten	1.200	4.500	1.000
= Deckungsbeitrag 2	300	- 500	1.000
Deckungsspanne 2	*6 %*	*- 5 %*	*12,5 %*

Aus dieser Aufstellung lässt sich ablesen: Die Produktgruppe Fleisch und
Wurst, die bei einer einstufigen Deckungsbeitragsrechnung am besten ab-

schneidet, ist wegen ihrer hohen Fixkosten am unrentabelsten. Hingegen erweist sich die Produktgruppe Obst und Gemüse als die wirtschaftlichste, obwohl sie nach dem einstufigen Verfahren am ungünstigsten erschien. ◄

Die Unterschiede zwischen Deckungsbeitrag 1 und 2

Was lässt sich nun aus einer solchen Rechnung ablesen? Worin bestehen die Unterschiede zwischen dem ersten und dem zweiten Deckungsbeitrag?

- Ein hoher Deckungsbeitrag 1 steht für hohes Gewinn-, aber auch Verlustpotenzial. Je mehr Produkte abgesetzt werden, desto stärker steigt der Gewinn. Verkaufen Sie zu wenig, ist auch Ihr Verlust höher.
- Der Deckungsbeitrag 2 gibt Ihnen darüber Auskunft, was aktuell „unterm Strich" herauskommt.

Wie verstehen Sie die Differenz der beiden Deckungsbeiträge?

Bei einem Produkt – wie in unserem Beispiel „Fleisch und Wurst" –, das einen hohen Deckungsbeitrag 1 und einen niedrigen Deckungsbeitrag 2 aufweist, heißt das: Der Absatz muss unbedingt erhöht werden. Es lohnt sich aber auch, denn wegen des hohen ersten Deckungsbeitrags bewirkt eine höhere Verkaufszahl einen stärkeren „Gewinnschub" als bei einem niedrigen ersten Deckungsbeitrag.

Absatz muss angekurbelt werden

Kann der Absatz hingegen nicht erhöht werden, sondern fällt er sogar ab, sollte darüber nachgedacht werden, das Produkt aus dem Sortiment zu nehmen.

Und wie steht es mit einem Produkt wie dem „Obst/Gemüse" aus unserem Beispiel – mit einem niedrigen ersten und einem hohen zweiten Deckungsbeitrag? Hier liegt der Fall umgekehrt. Wenn Sie den Absatz forcieren, bringt dies nicht wesentlich mehr an Gewinn. Dafür handelt es sich um ein Produkt, mit dem Sie aktuell einen guten Gewinn erzielen.

Gewinn kaum steigerbar

Cash-Flow & Co.: Die wichtigsten Zahlen im Betrieb

In diesem Kapitel lernen Sie die gebräuchlichsten Finanzkennzahlen kennen. Cash-Flow, Gesamtkapitalrendite, Return on Investment, Eigenkapitalquote und einige mehr. Sie erfahren, was diese Werte überhaupt aussagen und wie Sie sie berechnen können.

Wozu brauchen Sie Finanzkennzahlen?

Finanzkennzahlen fassen komplexe Sachverhalte zu einem einzigen aussagefähigen Wert zusammen. Dadurch lässt sich eine wesentlich größere Datenmenge überblicken. Kennzahlen machen es möglich, unterschiedliche Betriebe und Betriebsteile miteinander zu vergleichen und zu beurteilen. Damit erfüllen sie im Wesentlichen zwei Aufgaben:

Konzentrierte Information

- Intern: Sie liefern die Basis für wichtige Entscheidungen, machen Entwicklungen deutlich. Ohne „harte" Zahlen kann kein Unternehmen geführt werden.
- Extern: Sie geben Banken, Investoren und der Öffentlichkeit verlässliche Informationen über den aktuellen Zustand des Unternehmens. „Gute Zahlen" sprechen für sich.

Zahlen sind neutral und universell einsetzbar. Die Umsatzrendite können Sie für einen Flohmarktstand ebenso berechnen wie für einen Weltkonzern. Außerdem stellen Finanzkennzahlen Verbindungen her und machen es möglich, Zusammenhänge zu untersuchen, die ansonsten verborgen bleiben würden.

Steigender Umsatz, steigender Gewinn, alles bestens?

In Ihrem Betrieb ist im vergangenen Jahr der Umsatz gestiegen, der Gewinn ebenfalls. Alles bestens? Nicht unbedingt, denn die Entwicklung der Ertragslage können Sie erst angemessen beurteilen, wenn Sie Gewinn und Umsatz zueinander in ein Verhältnis gesetzt haben – oder mit anderen Worten –, wenn Sie eine Kennzahl gebildet haben, nämlich die Umsatzrendite (→ S. 102). Vielleicht stellen Sie dann fest, dass der Umsatz viel stärker gestiegen ist als der Gewinn, also die Umsatzrendite gesunken ist.   ◄

Eine isolierte Kennzahl sagt wenig aus

Sie brauchen Vergleichswerte

Für eine angemessene Beurteilung reicht ein einziger Wert in der Regel nicht aus. Erst im Vergleich bekommen die Werte ihre Bedeutung. Unabhängig davon, ob Sie in Ihrem Betrieb die Entwicklung einer einzigen Größe verfolgen, einzelne Abteilungen einander gegenüberstellen, Ihren Betrieb mit anderen vergleichen oder die Aussichten in Ihrer Branche beurteilen möchten. Ein fundiertes Urteil bildet sich erst im Zusammenhang mit Vergleichswerten.

Vier Arten von Kennzahlen

Mathematisch lassen sich vier verschiedene Arten von Kennzahlen unterscheiden:

- Absolute Zahlen oder auch Grundzahlen. Summen, Differenzen, Durchschnittswerte. Zum Beispiel: Umsatzerlös, Zahl der Mitarbeiter, Lagerbestand, durchschnittlicher Deckungsbeitrag.
- Indexzahlen. Eine bestimmte Größe dient als Orientierungswert. Zum Beispiel wird der Umsatz des Jahres 1995 mit dem Wert 100 angesetzt.
- Anteile oder Prozentwerte. Es wird angegeben, wie hoch der Anteil an einer bestimmten Gesamtgröße ist. Zum Beispiel: Marktanteil oder Anteil des Eigenkapitals am Gesamtkapital.
- Verhältniszahlen. Zwei (oder mehr) unterschiedliche Größen werden in ein Verhältnis zueinander gesetzt. Zum Beispiel: Umsatz pro Mitarbeiter.

Alle diesen Zahlen haben ihren Sinn: Absolute Zahlen geben Ihnen darüber Auskunft, in welchen Dimensionen sich die betreffenden Sachverhalte abspielen. Indexzahlen sind übersichtlich und leicht verstehbar. Prozentwerte sagen etwas über die Zusammensetzung wichtiger Größen aus, während Verhältniszahlen Verbindungen herstellen und für Vergleichbarkeit sorgen.

Bilanzkennzahlen

Eine Reihe von Kennzahlen lässt sich nahezu direkt aus der Bilanz über-nehmen. Eine Bilanzanalyse besteht im Wesentlichen darin, Kennzahlen zu bilden – und zu beurteilen. Diese Standard-Kennzahlen sind im Übrigen fast ausnahmslos Verhältniszahlen. Ihre Berechnung ist sehr einfach. Auf jeden Fall sollten Sie sie kennen. Denn Gläubiger und Banken schauen vor allem auf diese Standard-Kennzahlen.

Standard-Kennzahlen für die Bilanz-analyse

Bilanzkennzahlen ohne Bilanz

Und wenn Sie in einem Betrieb arbeiten, der gar keine Bilanz aufstellt? Dann müssen Sie die Werte dem aktuellen Inventar entnehmen, also dem Verzeichnis über Vermögen und Schulden, dem Ergebnis der Inventur, zu der Kaufleute nach Handels- und Steuerrecht verpflichtet sind. Bei Grün-dung, Kauf oder Verkauf sowie am Ende jedes Geschäftsjahrs müssen Sie eine Inventur durchführen.

Vermögen

Eine wichtige Information über jeden Betrieb: Über wie viel Vermögen verfügt er? Wesentlich mehr Aussagekraft bekommt diese Information, wenn man weiß, wie sich dieses Vermögen zusammensetzt.

In der Bilanz werden zwei Vermögensarten unterschieden: Das Anlage- und das Umlaufvermögen. Zum Anlagevermögen gehören Sach- und Finanzan-lagen, die dem Unternehmen langfristig zu Verfügung stehen, also Gebäu-de, Grundstücke, Maschinen, Betriebs- und Geschäftsausstattung sowie Beteiligungen und Tochtergesellschaften.

Kennzahl – Vermögen

Anlagenintensität

Die Kennzahl „Anlagenintensität" wird in Prozent gemessen. Sie gibt Aus-kunft über den Anteil des Anlagevermögens am Gesamtvermögen und wird nach der folgenden Formel berechnet.

$$Anlagenintensität \ (in \ \%) = \frac{Anlagevermögen}{Gesamtvermögen} \cdot 100$$

Eine hohe Anlagenintensität erscheint eher ungünstig, weil sie meist mit hohen Fixkosten einhergeht, vor allem für Abschreibungen und Zinsen. Ein Betrieb mit hoher Anlagenintensität ist oftmals unflexibler, da er seine Kapazitäten nicht so schnell senken kann.

Hohe Anlageninten-
sität macht
unflexibel

Aussagekräftig wird dieser Wert allerdings erst in Verbindung mit den Kapitalkennzahlen. Denn eine hohe Anlagenintensität ist in Verbindung mit einem hohen Anteil an Eigenkapital oder langfristigem Fremdkapital keineswegs beunruhigend. Aber wenn sich zeigt, dass der Betrieb einen erheblichen Teil seines Anlagevermögens kurzfristig finanziert hat, ist das kein gutes Zeichen. Bei einem Absatzrückgang kann er leicht in Schwierigkeiten kommen.

Die Höhe der Anlagenintensität unterscheidet sich erheblich von Branche zu Branche. Im Allgemeinen haben Dienstleistungsunternehmen einen niedrigeren Wert als Produktionsbetriebe. Es ist daher ratsam, den Branchendurchschnitt in Erfahrung zu bringen. Dann können Sie nämlich beurteilen, wo das betreffende Unternehmen steht.

Experten-Tipp

Achtung, Bilanzkosmetik!

Manche Unternehmen versuchen den Wert künstlich zu drücken, indem sie Teile ihres Anlagevermögens verkaufen und anschließend zurückleasen. Dadurch lösen sie aber keineswegs ihr Problem, sondern betreiben Bilanzkosmetik, die von erfahrenen Finanzexperten allerdings leicht durchschaut wird.   ◄

Umlaufintensität

Diese Kennzahl ist gewissermaßen das Spiegelbild der Anlagenintensität. Gemessen wird der prozentuale Anteil des Umlaufvermögens am Gesamtvermögen. Was gehört nun zum Umlaufvermögen? Vorräte, Halb- und Fertigwaren, Forderungen, liquide Mittel (dazu gehören auch kurzfristig liquidierbare Wertpapiere und Geldanlagen).

$$Umlaufintensität\ (in\ \%) \ = \ \frac{Umlaufvermögen}{Gesamtvermögen} \cdot 100$$

Vermögenskonstitution

Schließlich gibt es noch den Begriff der „Vermögenskonstitution". Dabei werden Anlage- und Umlaufvermögen direkt aufeinanderbezogen. Der Wert wird seltsamerweise auch in Prozenten ausgedrückt. Dabei handelt es sich eigentlich um eine Verhältniszahl.

$$Vermögenskonstitution\ (in\ \%) = \frac{Anlagevermögen}{Umlaufvermögen} \cdot 100$$

Auch wenn Sie wissen sollten, was die drei Kennzahlen jeweils bedeuten: Es genügt vollkommen, eine davon zu kennen, denn sie sagen aus unterschiedlicher Perspektive haargenau das gleiche aus.

Kapital

Bei Kreditverhandlungen ist die Finanzierung des Unternehmenskapitals von entscheidender Bedeutung. Daher gibt es eine ganze Reihe von Kennzahlen, die sich vornehmlich mit dem Verhältnis von Eigen- und Fremdkapital beschäftigen.

Kennzahl – Kapital

Eigenkapitalquote

Eine der wichtigsten Kennzahlen: Wie hoch ist der Anteil des Eigenkapitals am Gesamtkapital? Die Eigenkapitalquote gibt diesen Anteil in Prozent an.

$$Eigenkapitalquote\ (in\ \%) = \frac{Eigenkapital}{Gesamtkapital} \cdot 100$$

Auf der einen Seite gilt eine hohe Eigenkapitalquote als wünschenswert. Das Unternehmen ist solide finanziert und kann in Krisenzeiten auf Eigenmittel zurückgreifen. Kreditgeber schätzen so etwas natürlich – auch wenn durch ihren Kredit die Eigenkapitalquote sinkt.

Auf der anderen Seite ist eine zu hohe Eigenkapitalquote auch nicht immer günstig. Denn wenn das Unternehmen gut läuft, kann durch einen hohen Anteil an Fremdkapital die Rendite beträchtlich erhöht werden. Näheres dazu im Abschnitt über den „Leverage-Effekt" (→ S. 105)

Allerdings steigen mit dem Verschuldungsgrad auch die Kosten für das Fremdkapital. Denn das Risiko für den Kreditgeber nimmt ja mit steigender Verschuldung des Unternehmens zu.

Der „optimale Verschuldungs-grad"
Deshalb muss das Unternehmen seinen „optimalen Verschuldungsgrad" finden. Und der kann sich von Unternehmen zu Unternehmen und von Branche zu Branche deutlich unterscheiden. Dabei kann eine Eigenkapitalquote von 33 % als eine Orientierungsmarke gelten. Manche halten aber auch eine Quote von mindestens 50 % für erforderlich.

Anspannungsgrad

Eine ebenfalls recht verbreitete Kennzahl ist der so genannte Anspannungsgrad. Es handelt sich um den spiegelbildlichen Wert der Eigenkapitalquote, er bezeichnet den prozentualen Anteil des Fremdkapitals am Gesamtkapital.

$$\textit{Anspannungsgrad (in \%)} \quad = \quad \frac{\textit{Fremdkapital}}{\textit{Gesamtkapital}} \cdot 100$$

Verschuldungsgrad und Finanzierungsverhältnis

Das Verhältnis von Eigenkapital und Fremdkapital kann auch durch zwei Verhältniszahlen ausgedrückt werden: Den Verschuldungsgrad (oder Verschuldungskoeffizienten) und das Finanzierungsverhältnis.

$$\textit{Verschuldungsgrad} \quad = \quad \frac{\textit{Fremdkapital}}{\textit{Eigenkapital}} \cdot 100$$

$$\textit{Finanzierungsverhältnis} \quad = \quad \frac{\textit{Eigenkapital}}{\textit{Fremdkapital}} \cdot 100$$

Finanzierungsrisiko

Beim Fremdkapital wird weiter unterschieden, ob das Kapital dem Unternehmen langfristig oder nur kurzfristig zu Verfügung steht. Ein hoher Anteil von kurzfristigem Fremdkapital gilt als bedenklich, vor allem in Verbindung mit einem hohen Anteil an Anlagenvermögen (→ S. 93), denn es gilt: langfristige Investitionsgüter müssen auch langfristig finanziert werden. Ansonsten besteht das Risiko, dass der kurzfristige Kredit nicht verlängert wird (oder nur zu sehr ungünstigen Bedingungen). Unter solchen Bedingungen ist das Unternehmen schnell von der Zahlungsunfähigkeit bedroht.

$$Finanzierungsrisiko\ in\ \% = \frac{kurzfristiges\ Fremdkapital}{Gesamtkapital} \cdot 100$$

Nochmals aber der Hinweis: Diese Kennzahl ist erst in Verbindung mit einer Vermögenskennzahl aussagekräftig, denn wenn die Umlaufintensität sehr hoch ist, besteht kein größeres Risiko. Und schließlich sollte ein Unternehmen nicht nur langfristiges Fremdkapital aufnehmen. Kurzfristige Darlehen machen das Unternehmen in seiner Finanzplanung flexibler.

Kapitalumschlagszahl

Ein wichtige Größe zur Beurteilung der Ertragslage. Wie verhält sich der Umsatz zum (durchschnittlichen) Gesamtkapital? Anders gesagt: In welcher Zeitspanne wird das Gesamtkapital „umgeschlagen"? Wenn der Kapitalumschlag hoch ist bzw. das Kapital vergleichsweise schnell umgeschlagen wird, spricht dies für eine gute Nutzung des eingesetzten Kapitals. Es genügt bereits eine relativ geringe Gewinnspanne bzw. Umsatzrendite (→ S. 102), um ein zufriedenstellendes Ergebnis zu erzielen.

Wie häufig wird das Kapital umgeschlagen?

$$Kapitalumschlagszahl = \frac{(Jahres\text{-})Umsatz}{Gesamtkapital}$$

In diesem Zusammenhang wird oft auch die Dauer berechnet, also wie viele Tage werden benötigt, damit das Gesamtkapital einmal umgeschlagen wird. Da Sie den Jahresumsatz in Ihre Berechnung der Umschlagszahl eingesetzt haben, müssen Sie nun die Anzahl der Tage pro Jahr durch die Kapitalumschlagszahl dividieren. Der Einfachheit halber wird mit dem Wert 360 gerechnet.

$$Kapitalumschlagsdauer = \frac{360}{Kapitalumschlagszahl}$$

Wie hoch dieser Wert sein sollte, ist stark branchenabhängig. Auch lässt sich die Zahl erst im Zusammenhang mit dem Betriebsergebnis deuten. Interessant dürfte es sein, wenn Sie verfolgen, ob sich in einem Unternehmen die Umschlagsdauer verlängert oder verkürzt hat.

Kennzahlen zu Vorräten und Lagerkosten

Für materialintensive Betriebe ist ein Teilbereich des Umlaufvermögens von besonderem Interesse: Die Lagerhaltung. Beim Vergleich mit anderen Unternehmen der gleichen Branche könnte sich zeigen, dass die Vorräte zu groß sind. Denn hohe Lagerbestände verursachen Kosten.

Durchschnittlicher Bestand

Kennzahl – Lager

Wie viel haben Sie überhaupt im Durchschnitt auf Lager? Sie können diese Kennzahl nicht nur auf das Lager insgesamt beziehen, sondern auch Produktgruppen oder einzelne Waren untersuchen. Der Durchschnittswert erlaubt es Ihnen, den jeweils aktuellen Bestand zu beurteilen und Schwankungsbreiten zu erkennen.

$$Durchschnittlicher\ Lagerbestand = \frac{(Anfangsbestand + Endbestand)}{2}$$

Vorratsintensität

Vorrat bindet Kapital

Wie viel vom Gesamtkapital wird durch die Vorräte, die Lagerhaltung gebunden? Sie berechnen den prozentualen Anteil der Vorräte am Gesamtkapital. Das Ergebnis ist die Vorratsintensität. Ein niedriger Wert ist im Allgemeinen günstiger, weil kleine Lager weniger Kosten verursachen als große und die Kosten für bloße Lagerung als durchaus vermeidbar erscheinen.

Auf der anderen Seite können sich auch zu kleine Lagerbestände nachteilig auswirken. Etwa durch eine größere Abhängigkeit von Zulieferbetrieben und/oder saisonalen Preisschwankungen. Im schlimmsten Fall kommt es sogar zu Produktionsengpässen. Daher kann es keine allgemein verbindliche Richtgröße geben. Vielmehr ist die Branche entscheidend, aber auch die Organisation des Betriebs, denn es könnte verhängnisvoll sein, ein strategisch wichtiges Lager „aus Kostengründen" einfach aufzulösen.

$$Vorratsintensität = \frac{Vorräte}{Gesamtkapital} \cdot 100$$

Vorratsumschlagshäufigkeit

Näheren Aufschluss über die Vorratshaltung gibt die Kennzahl der Umschlagshäufigkeit. Ein gefülltes Lager ist durchaus positiv zu beurteilen, wenn die Vorräte häufig umgeschlagen werden. Deshalb setzen Sie den gesamten Material- und Wareneinsatz eines Jahres in Beziehung zum *durchschnittlichen* Bestand an Vorräten während des Jahres. Es ist wichtig, dass es sich um einen Durchschnittswert handelt und nicht um einen Stichtagswert. Sonst bekommen Sie vermutlich einen verzerrten Wert.

$$Vorratsumschlagshäufigkeit = \frac{jährlicher\ Material\text{-}bzw.\ Wareneinsatz}{durchschnittlicher\ Vorratsbestand} \cdot 100$$

Sie können den Umschlag von Waren und Material auch für jedes Lager, ja für jede Produktgruppe oder sogar jedes Produkt berechnen. Sie können dann vergleichen, wie effektiv die jeweiligen Lager genutzt werden. Oder noch besser: Wie schnell ein bestimmtes Produkt umgeschlagen wird. Schließlich ist eine weitere Kennzahl interessant, die sich aus der Umschlagshäufigkeit unmittelbar ergibt: Nämlich die Lager- oder Vorratsdauer. Sie bezeichnet in Tagen den Zeitraum, in dem das Lager bzw. die Vorräte einmal umgeschlagen werden. Auch hier wird die Anzahl der Tage auf 360 festgesetzt.

Wird das Lager effektiv genutzt?

$$Vorratsdauer\ in\ Tagen = \frac{360}{Vorratsumschlagshäufigkeit}$$

Die drei Grade der Liquidität

Liquidität bezeichnet die Fähigkeit, seine Zahlungsverpflichtungen erfüllen zu können. So ist es sehr ungünstig, wenn das Vermögen langfristig gebunden ist, jedoch kurzfristige Zahlungen zu leisten sind. Dann gerät ein Unternehmen schnell in Zahlungsschwierigkeiten und muss umschulden. Allerdings ist eine „Überliquidität" ebenfalls zu vermeiden, denn es schmälert im Allgemeinen die Rendite, wenn Sie flüssige Mittel bereithalten, die gar nicht benötigt werden. Anzustreben ist vielmehr ein ausgewogenes Ver-

Kennzahl - Liquidität

hältnis zwischen Zahlungsverpflichtungen und den Mitteln, sie zu begleichen.

Die Liquidität 1. Grades

Kurzfristige Zahlungsfähigkeit

Als Liquidität 1. Grades gilt die kurzfristige Zahlungsfähigkeit, die „Barliquidität". Ist das Unternehmen in der Lage, seine laufenden Kosten und kurzfristigen Verbindlichkeiten zu decken? Um diese Frage zu beantworten, werden die „flüssigen Mittel" in Beziehung gesetzt zu den „kurzfristigen Verbindlichkeiten". Zu den flüssigen Mitteln gehören das Bargeld, Postscheckguthaben, Sicht- und Termineinlagen bei Banken sowie diskontfähige Wechsel. Anzustreben ist ein Wert zwischen 110 % und 130 %.

$$\text{Liquidität 1. Grades in \%} = \frac{\text{flüssige Mittel}}{\text{kurzfristige Verbindlichkeiten}} \cdot 100$$

Liquidität 2. Grades

Kurzfristiges Umlaufvermögen

Bei der Liquidität 2. Grades wird das kurzfristige Umlaufvermögen mit herangezogen, das heißt im Wesentlichen: auch die Vorräte. Dieses kurzfristige Umlaufvermögen wird zum selben Wert in Beziehung gesetzt: den kurzfristigen Verbindlichkeiten.

$$\text{Liquidität 2. Grades in \%} = \frac{\text{kurzfristiges Umlaufvermögen}}{\text{kurzfristige Verbindlichkeiten}} \cdot 100$$

Liquidität 3. Grades

Gesamtes Umlaufvermögen

Für die Liquidität 3. Grades müssen Sie das gesamte Umlaufvermögen berücksichtigen. Dieser Wert muss auf jeden Fall über 100 % liegen, ansonsten sind Zahlungsschwierigkeiten vorprogrammiert. Ein Wert zwischen 160 % und 200 % deutet auf eine gute bis sehr gute Liquidität hin.

$$\text{Liquidität 3. Grades in \%} = \frac{\text{Umlaufvermögen}}{\text{kurzfristige Verbindlichkeiten}} \cdot 100$$

Working Capital

Eine weitere Größe, die zur Beurteilung der (künftigen) Liquidität herangezogen wird, ist das so genannte Working Capital. Dabei addieren Sie zum gesamten Umlaufvermögen noch das nicht betriebsbedingte Anlagevermögen hinzu (als nicht betriebsbedingt kann es zumindest potenziell auch veräußert und damit liquide gemacht werden). Abgezogen wird hingegen das Umlaufvermögen, das „ständig gebunden" ist und damit dem Unternehmen als Liquiditätsreserve nicht zu Verfügung steht. Und schließlich sind auch noch die kurzfristigen Verbindlichkeiten abzurechnen.

Kennzahl –
Working Capital

> Umlaufvermögen
> + nicht betriebsnotwendiges Anlagevermögen
> – ständig gebundenes Umlaufvermögen
> – kurzfristige Verbindlichkeiten
> = Working Capital

Die Superkennzahl: Rentabilität

Auch wenn die Vermögensstruktur, Lagerhaltung und Liquidität wichtige Indikatoren für einen gut geführten Betrieb sind, letztlich wird ein Unternehmen daran gemessen, wie viel Rendite es erwirtschaftet. Deshalb sind Rentabilitätskennzahlen die typischen „Super-Kennzahlen", um die herum ein Kennzahlensystem aufgebaut wird.

Kennzahl –
Rentabilität

Nun lässt sich die Rentabilität auf unterschiedliche Art und Weise berechnen. Welche Kennzahl gewählt wird, das hängt einmal davon ab, welches Erkenntnisinteresse verfolgt wird, aber auch davon, welche Zahlen überhaupt verfügbar sind.

Gewinn und Verlust

Die Rendite wird in Prozent berechnet, mit Ausnahme der Umsatzrendite handelt es sich um Zinszahlen. Sie geben an, um wie viel Prozent das eingesetzte Kapital pro Jahr verzinst wird. Diese „Verzinsung" geschieht durch den Gewinn. Nun gibt es aber auch Jahre, in denen der Betrieb gar keinen

Gewinn erwirtschaftet, sondern vielleicht sogar Verluste hinnehmen muss. Dann werden alle Rendite-Werte negativ.

Gesamtkapitalrendite

Die Gesamtkapitalrendite gibt an, um wie viel Prozent das Gesamtkapital des Unternehmens verzinst wird. Der Jahresgewinn wird in Beziehung gesetzt zur Höhe des gesamten Kapitals, das im Unternehmen steckt. Weil in der Regel ein Teil des Gesamtkapitals fremdfinanziert wird, müssen die Zinsen für dieses Fremdkapital dem Gewinn hinzugerechnet werden. Denn es handelt sich ja um den Gewinn, den das eingesetzte Fremdkapital erzielt. Dieser Wert (Gewinn plus Fremdkapitalzinsen) wird in der Betriebswirtschaft auch als „Erfolg" bezeichnet.

$$\text{Gesamtkapital rendite in \%} = \frac{(\text{Jahresgewinn} + \text{jährliche Fremdkapitalzinsen})}{\text{Gesamtkapital}} \cdot 100$$

Eigenkapitalrendite

Das Kapital arbeitet

Für Eigentümer und Teilhaber ist die Eigenkapitalrendite der wichtigste Wert. Denn sie sagt aus, wie hoch das eingesetzte Kapital der Gesellschafter verzinst wird, wie gut es „arbeitet". Durch diesen Wert wird eine Unternehmensbeteiligung auch vergleichbar mit anderen Formen der Geldanlage. Von Branche zu Branche kann sich die Eigenkapitalrendite recht stark unterscheiden. Ein Wert zwischen 12 % und 15 % – vor Steuern – dürfte auf jeden Fall als gutes Ergebnis gelten. Wenn möglich, sollte die Eigenkapitalrendite gleich zweimal angegeben werden: Als Brutto- und Netto-Eigenkapitalrendite.

$$\text{Brutto-Eigenkapital rendite in \%} = \frac{\text{Jahresgewinn vor Steuern}}{\text{Eigenkapital}} \cdot 100$$

$$\text{Netto-Eigenkapital rendite in \%} = \frac{\text{Jahresgewinn nach Steuern}}{\text{Eigenkapital}} \cdot 100$$

Umsatzrendite

Die Umsatzrendite fällt in diesem Zusammenhang etwas aus dem Rahmen. Streng genommen handelt es sich nämlich gar nicht um eine Renditezahl, denn es geht nicht um die Verzinsung eines investierten Kapitals, sondern schlicht um das Verhältnis von Gewinn und Umsatz.

Zweifelsohne ist die Umsatzrendite eine wichtige Kennzahl, denn an ihr können Sie ablesen, wie hoch oder niedrig die Gewinnspanne liegt, ob das Unternehmen mit seinen Produkten gute Preise erzielen kann oder preislich unter Druck steht.

Bei einer niedrigen Umsatzrendite ist das Unternehmen gezwungen, einen hohen Umsatz zu erzielen. Es steht unter Druck, hohe Absatzzahlen zu erreichen, und ist damit anfälliger für Krisen. Auch kann ein niedriger Wert auf einen Rationalisierungsbedarf hindeuten, weil zu teuer produziert wird. Umgekehrt bedeutet eine hohe Umsatzrendite, dass vergleichsweise geringe Umsätze ausreichen können. Auch bei der Umsatzrendite gibt es eine Brutto- und Nettozahl.

Niedrige Umsatzrendite erfordert hohen Umsatz

$$\text{Brutto-Umsatzrendite in \%} = \frac{\text{Jahresgewinn vor Steuern}}{\text{Netto-Jahresumsatz}} \cdot 100$$

$$\text{Netto-Umsatzrendite in \%} = \frac{\text{Jahresgewinn nach Steuern}}{\text{Netto-Jahresumsatz}} \cdot 100$$

Return on Investment (RoI)

In vielen, vor allem großen Unternehmen gilt der Return on Investment, kurz RoI, als *die* zentrale Kennzahl zur Beurteilung der Rentabilität – nicht nur des gesamten Unternehmens, sondern vor allem auch einzelner Abteilungen, die miteinander verglichen werden. Ihr Erfolg, ihre Rentabilität wird mit dieser Kennzahl gemessen. Üblicherweise gibt es einen Zielwert, der von der Abteilung bzw. Division erreicht werden muss. Verfehlt sie das Ziel, droht ihr im schlimmsten Fall die Schließung, denn sie arbeitet nicht rentabel genug.

Wie wird eine Investition verzinst?

Als Return on Investment, also Rückkehr der Investition, will die Kennzahl darüber Aufschluss geben, wann sich eine Investition amortisiert hat, also wann Sie den Betrag, den Sie investiert haben, wieder zurückbekommen. Allerdings können Sie diese Information dem RoI nur indirekt entnehmen, denn dieser Wert wird in Prozent berechnet und nicht etwa in Jahren und Monaten. Der RoI sagt Ihnen, wie hoch eine bestimmte Investition verzinst wird.

Wie wird der Return on Investment berechnet?

Der RoI setzt sich aus zwei Kennzahlen zusammen, die Sie bereits kennen: Die Umsatzrendite wird mit der „Kapitalumschlagszahl" ($\rightarrow$ S. 97) multipliziert. Wie Sie die Umsatzrendite berechnen, das wissen Sie sicher noch. Doch wie war das mit der Kapitalumschlagszahl?
Die Kapitalumschlagszahl errechnet sich, wenn Sie den Umsatz durch das investierte Kapital dividieren.

$$Return\ on\ Investment\ = Umsatzrendite \cdot Kapitalumschlagszahl$$

Haben Sie bereits die Umsatzrendite und die Kapitalumschlagszahl berechnet, brauchen Sie die beiden Werte nur einzusetzen. Ist das nicht der Fall, müssen Sie die beiden Zahlen nicht eigens berechnen. Denn der Umsatz ist sowohl in der Umsatzrendite als auch in der Kapitalumschlagszahl enthalten, einmal im Nenner und einmal im Zähler. Weil Sie die beiden Werte miteinander multiplizieren müssen, können Sie den Umsatz schlicht herauskürzen und erhalten dann die vereinfachte Formel:

$$Return\ on\ Investment = \frac{Gewinn}{investiertes\ Kapital} \cdot 100$$

Diese Formel sieht der Gesamtkapitalrendite ($\rightarrow$ S. 102) doch erstaunlich ähnlich. Und in der Tat verbirgt sich hinter dem RoI oftmals nichts anderes als die Gesamtkapitalrendite.

Mangelnde Eindeutigkeit

Auch wenn in einigen Fachbüchern gelegentlich der gegenteilige Eindruck erweckt wird: Der RoI lässt manchen Interpretations- und Gestaltungsspielraum offen. So können Sie – wie bei der Gesamtkapitalrendite – die Fremdkapitalzinsen dem Gewinn hinzuaddieren, Sie können es aber auch bleiben lassen. Sie müssen auch gar nicht unbedingt mit dem „Gewinn" bzw. dem Betriebsergebnis rechnen, sondern können ihn durchaus durch den Cash-Flow ($\rightarrow$ S. 107) ersetzen.
Und auch der Begriff des „investierten Kapitals" ist keineswegs so eindeutig, wie es vielleicht den Anschein hat. Was sich dahinter verbirgt, ergibt sich vielmehr daraus, wie die Kapitalumschlagszahl berechnet wird. In der Praxis

wird der RoI auch mit dem Gesamtvermögen oder dem Gesamtkapital berechnet. Wird der RoI für eine einzelne Abteilung berechnet, ist zudem nicht eindeutig definiert, wie das „investierte Kapital" genau abzugrenzen ist.

| **Ziehen Sie keine falschen Vergleiche**
Trotz allem bleibt der Return on Investment eine der wichtigsten Kennzahlen. Sie sollten nur nicht der Täuschung erliegen und zwei RoI-Werte miteinander vergleichen, die möglicherweise auf ganz unterschiedliche Weise berechnet worden sind. Prüfen Sie daher nach, was mit dem „Gewinn" und dem „investierten Kapital" genau gemeint ist. Und wenn Sie selbst in Ihrem Betrieb die Kennzahl benutzen: Stellen Sie sicher, dass sie immer auf die gleiche Weise berechnet wird.   ◄

Höhere Rendite durch mehr Fremdkapital?
Der Leverage-Effekt

Wir haben es bereits angesprochen: In bestimmten Fällen wirkt sich ein hoher Anteil an Fremdkapital positiv auf die Rendite, genauer: auf die Eigenkapitalrendite aus. Grund dafür ist der so genannte „Leverage-Effekt" oder die „Hebelwirkung des Fremdkapitals".

Voraussetzung dafür, dass der Leverage-Effekt zum Tragen kommt, ist allerdings, dass die Rendite, die das Unternehmen mit dem Fremdkapital erwirtschaftet, über dem Fremdkapitalzins liegt. Dann fließt die Zinsdifferenz nämlich den Eigentümern zu und vergrößert deren Eigenkapitalrendite.

| **Die Mechanik des Leverage-Effekts**
Das Unternehmen Solido hat im vergangenen Jahr einen Gewinn in Höhe von 200.000 Euro erwirtschaftet. Das Gesamtkapital beträgt 2,4 Millionen Euro, die Eigenkapitalquote von Solido liegt bei 60 %. Der durchschnittliche Zinssatz für das Fremdkapital beträgt 8,0 %.

Betrachten wir zunächst einmal das Fremdkapital: Es beträgt 40 % des Gesamtkapitals, also 960.000 Euro. Dafür musste das Unternehmen (beim angenommenen Zinssatz von 8 %) Zinsen in Höhe von 76.800 Euro zahlen. Diese Kosten sind bereits bei der Gewinnermittlung berücksichtigt worden, müssen jetzt also dem Gewinn wieder hinzugerechnet werden. 276.800 Euro bezogen auf 2,4 Millionen Euro Gesamtkapital ergibt eine Gesamtkapitalrendite von 11,5 %.

Anders gesagt, das Fremdkapital verursacht Kosten in Höhe von 76.800 Euro, bringt dem Unternehmen aber Einnahmen von 110.720 Euro (= 40 % von 276.800).

Und nun schauen wir uns die Eigenkapitalrendite an: 200.000 Euro Gewinn bezogen auf 1,44 Millionen Euro Eigenkapital ergibt eine Eigenkapitalrendite von knapp 13,9 %.

Im folgenden Jahr bleibt alles gleich, mit einer entscheidenden Ausnahme: der Eigenkapitalanteil wird von 60 % auf 20 % heruntergefahren, das Fremdkapital steigt also auf 80 %!

Für die 1,92 Millionen Euro an Fremdkapital sind natürlich bedeutend höhere Zinsen zu zahlen. Bei einem unveränderten Zinssatz von 8 % sind das 153.600 Euro. Diese höheren Ausgaben schmälern natürlich den ansonsten unveränderten Gewinn. Er beträgt nunmehr 123.200 Euro. Die Gesamtkapitalrendite bleibt unverändert bei 11,5 %.

Und die Eigenkapitalrendite? 123.200 Euro Gewinn bei einem Einsatz von 480.000 Euro lässt sie auf einen Wert von 25,67 % hochschnellen.   ◄

Theorie und Praxis des „Hebelgesetzes"

Die Erfolgreichen werden noch erfolgreicher

Mit Schulden lässt sich also Geld verdienen. Voraussetzung ist allerdings, dass das entliehene Kapital produktiv eingesetzt wird, dass es jedes Jahr eine Rendite erwirtschaftet, die über dem Kreditzinssatz liegt. Anders gesagt: Erfolgreich wirtschaftende Unternehmen können durch Erhöhung des Fremdkapitalanteils noch erfolgreicher werden – solange alles gut läuft.

Sobald aber das Betriebsergebnis nicht mehr ganz so glänzend ausfällt, kann der Leverage-Effekt sehr schnell in die entgegengesetzte Richtung hebeln. Je mehr Fremdkapital der Investor eingesetzt hat, um so größer wird sein Verlust. Dazu genügt es bereits, wenn der Fremdkapitalzins höher liegt als die Gesamtkapitalrendite. Dann geraten auch vormals sehr erfolgreiche, wachstumsstarke Betriebe tief in die roten Zahlen.

Die Risikoverteilung

Das Risiko ist unterschiedlich verteilt: Während der Kreditgeber einen festen Zins garantiert bekommt, muss der Empfänger eine höhere Gesamtkapitalrendite erst einmal erwirtschaften. Kann er es nicht, gerät er in Schwierigkeiten.

Das einzige Risiko für den Kreditgeber hingegen ist die Zahlungsunfähigkeit des Kreditempfängers. Dieses Risiko steigt mit zunehmendem Fremdkapitalanteil (oder allgemeinverständlicher formuliert: mit höheren Schulden). Deshalb lässt sich der Kreditgeber das höhere Risiko auch durch höhere Zinsen bezahlen. Doch genau dadurch nimmt das Risiko nochmals zu, dass der Kreditnehmer in Schwierigkeiten gerät. **Eine Frage des Risikos**

Cash-Flow

Eine der zentralen finanziellen Kenngrößen ist der Cash-Flow. Als dynamische Größe, die den Geldfluss misst, leiten Sie ihn nicht aus der Bilanz oder dem Inventar ab, sondern aus der Gewinn- und Verlustrechnung. Der Cash-Flow bezeichnet den Zahlungsmittelüberschuss, der in einem bestimmten Zeitraum erwirtschaftet wird.

Kennzahlen–Cash-Flow

Was damit genauer gemeint ist, wird hoffentlich klarer, wenn Sie ihn mit einer vertrauteren Größe vergleichen: Dem Betriebsergebnis (→ S. 70), das sich aus der Kosten- und Leistungsrechnung ergibt. Wenn Sie den Cash-Flow berechnen, müssen Sie aus dem Betriebsergebnis alle Aufwendungen und Erträge, die nicht umsatzbedingt waren, herausrechnen. Dazu zählen Rückstellungen, Abschreibungen (→ S. 111), interne Verrechnungen. Kurzum Aufwendungen, die keine Ausgaben sind, und Erträge, die zu keinen echten Einnahmen geführt haben.

Betriebsergebnis
+ nicht umsatzbedingte Aufwendungen
– nicht umsatzbedingte Erträge
= Cash-Flow

Der Cash-Flow gibt darüber Auskunft, in welchem Maße sich das Unternehmen selbst finanziert. Und welche Mittel zur Verfügung stehen, um entweder als Gewinn an die Teilhaber ausgeschüttet oder dem Unternehmen als Investition neu zufließen. Je höher der Cash-Flow desto besser für das Unternehmen.

Bringen Sie Ihre Kennzahlen auf Cash-Flow-Basis

Sämtliche Kennzahlen, die auf den Gewinn Bezug nehmen, wie z.B. Rendite-
zahlen, lassen sich auch mit dem Cash-Flow berechnen. Dazu müssen Sie nur
die Zahl für den Gewinn, bzw. das Betriebsergebnis durch den entsprechenden
Wert des Cash-Flows ersetzen.   ◀

Kennzahlen einsetzen – mit System

Nun haben Sie zwar die gebräuchlichsten Finanzkennzahlen kennen gelernt;
zum Abschluss darf jedoch der Hinweis nicht fehlen, dass es noch eine Vielzahl weiterer Kennzahlen gibt, mit denen Sie nahezu alle Abläufe in Ihrem
Unternehmen irgendwie erfassen können.

Zwar haben die meisten dieser Messgrößen durchaus ihren Sinn, jedoch
kommt es darauf an, ob sie auch für Ihren Betrieb relevant sind. Sie müssen
nicht die Lagerhaltung in drei verschiedenen Kennzahlen erfassen. Auch hat
es wenig Sinn, die Rendite auf Basis von Cash-Flow und Betriebsgewinn
gewissermaßen doppelt zu berechnen.

Worauf es beim Einsatz von Kennzahlen ankommt

Es kommt darauf an, dass sich ein Unternehmen auf die Kennzahlen kon-
zentriert, die für es wesentlich sind. Einige der Standard-Kennzahlen, die
wir Ihnen vorgestellt haben, gehören natürlich unbedingt dazu.

Fünf Tipps für Sie

1. Wenige Kennzahlen, die Sie gründlich und systematisch erheben, sind
   besser als viele Kennzahlen, die niemand mehr überblickt.

2. Wenn Sie Kennzahlen miteinander vergleichen, achten Sie darauf, dass
   sie auch wirklich unter gleichen Bedingungen zustandegekommen sind.
   So sind Begriffe wie Gewinn oder „eingesetztes Kapital" keineswegs
   ganz eindeutig definiert.

3. Achten Sie auf jeden Fall auf Kennzahlen, die für Banken und Investoren eine entscheidende Rolle spielen: Return on Investment, Eigenkapitalrendite, Cash-Flow.

4. Für alle Abläufe, die in Ihrem Unternehmen wesentlich sind, sollte es eine Kennzahl geben. Vorratsintensive Betriebe brauchen eine Kennzahl zur Lagerhaltung.

5. Auch wenn Sie in Ihrem Betrieb nur wenige Kennzahlen einsetzen, die hier vorgestellten Standard-Kennzahlen sollten Sie zumindest kennen und wissen, wie man sie berechnet. Alle.

So schreiben Sie richtig ab!

Gebäude, Betriebseinrichtungen, Maschinen und Fahrzeuge nutzt ein Betrieb in der Regel über mehrere Jahre. Während dieser Zeit verlieren diese Güter an Wert – durch den täglichen Gebrauch, aber auch dadurch, dass sie technisch veralten. Jede Innovation drückt den Wert der Vorgängerprodukte, ja in manchen Fällen werden sie geradezu wertlos und müssen durch das neue Produkt ersetzt werden, wenn das Unternehmen gegenüber seinen Konkurrenten nicht in Rückstand geraten will.

Kurzum, ein erheblicher Teil des Anlagevermögens büßt von Jahr zu Jahr seinen Wert ein. Diesem Sachverhalt soll dadurch Rechnung getragen werden, dass ein bestimmter Betrag von den Anschaffungs- oder Herstellkosten abgezogen wird, das ist der Abschreibungsbetrag. Der verbleibende Wert heißt „Buchwert".

Die neue Fertigungsmaschine

Die Firma Solido ersetzt in der Fertigung eine alte Maschine durch ein neues Fabrikat. Anschaffungspreis: 200.000 €. In der Bilanz am Ende des Geschäftsjahres wird die neue Maschine mit einem Buchwert von 180.000 € aufgelistet. Die Wertminderung von 20.000 € ist der Abschreibungsbetrag. Er gilt als „betrieblicher Aufwand" und wird auf einem eigenem Aufwandskonto, „Abschreibungen auf Sachanlagen", erfasst. ◀

Warum überhaupt abschreiben?

Wenn Sie eine Abschreibung vornehmen, dann dokumentieren Sie damit einen Wertverlust. Ein bestimmtes Anlagegut besitzt an einem bestimmten Stichtag einen geringeren Wert. Doch warum müssen Sie das überhaupt festhalten? Dafür gibt es vier Gründe:

- In der Bilanz oder dem Inventar sollte ablesbar sein, über wie viel Kapital das Unternehmen aktuell verfügt. Ohne Abschreibungen wäre das Anlagevermögen stark überbewertet. Es würden Vermögenswerte ausgewiesen, die gar nicht (mehr) bestehen.

- Ein Anlagegut wird über einen längeren Zeitraum genutzt. Also werden auch die Anschaffungskosten auf die Dauer der Nutzung verteilt und nicht sofort geltend gemacht. Sonst würde sich nämlich ein irreführendes Bild ergeben: Im Jahr der Anschaffung würde es so scheinen, als sei ein unverhältnismäßig hoher Aufwand entstanden, dem ein zu geringer Ertrag entgegensteht. In den Folgejahren hingegen würde für das Anlagegut gar kein Aufwand mehr berechnet, obwohl es ja noch genutzt wird und Erträge bringt.
- Auch steuerlich sind Abschreibungen relevant. Als betrieblichen Aufwand können Sie Abschreibungen absetzen.
- Schließlich brauchen Sie Abschreibungen für die Kosten- und Leistungsrechnung. Ohne Rücksicht auf die Wertminderung könnten Sie nicht richtig kalkulieren.

Abschreibung nur bei Wertminderung

Was seinen Wert behält, wird nicht abgeschrieben

Es gibt auch Anlagegüter, die „nicht abnutzbar" sind und die daher keinen Wertverlust erleiden. Dazu zählen Beteiligungen und Grundstücke. Befinden sich Immobilien in Firmenbesitz (und werden nicht etwa angemietet), so muss sorgsam getrennt werden zwischen dem reinen Gebäudewert (der abgeschrieben wird) und dem Wert von Grund und Boden (bei dem eine Abschreibung nicht möglich ist).

Normalerweise ist jedoch im Kaufpreis einer Immobilie der Kostenanteil für Grund und Boden nicht ausgewiesen. Es muss daher geschätzt werden, wie viel für das Gebäude und wie viel für den Grundbesitz bezahlt wurde.

Und wenn „nicht abnutzbare" Güter an Wert verlieren?

Natürlich kann sich auch der Wert einer Unternehmensbeteiligung stark mindern. Ebenso ist es denkbar, dass die Grundstückspreise fallen. Doch in solchen Fällen werden die Wertverluste nicht abgeschrieben, denn sie können zumindest theoretisch wieder ausgeglichen werden. Stattdessen kann in solchen Fällen eine „Wertberichtigung" vorgenommen werden. Dies gilt im

Übrigen auch für den Fall, dass der Wert steigt. Die Abschreibung bleibt tatsächlich nur Gütern vorbehalten, die das Unternehmen „ab"-nutzt.

Was geschieht bei einer Abschreibung?

Angenommen, Sie erwerben eine neue Büroausstattung. Dadurch entstehen Kosten, die Anschaffungskosten. Auf der anderen Seite erhöhen Sie den Wert Ihres Betriebsvermögens. Nehmen wir der Einfachheit halber an, zum Zeitpunkt des Erwerbs wären Anschaffungskosten und Buchwert der Büromöbel gleich. Nutzung und Abschreibung sind gleich null. „Unterm Strich" hat sich also gar nichts geändert.

Wertverlust durch Nutzung

Sobald Sie die Büroausstattung jedoch nutzen, verliert sie an Wert. Der Wertverlust entspricht dem Abschreibungsbetrag, den Sie Jahr für Jahr ausweisen. Erst jetzt entsteht ein „betrieblicher Aufwand", der Ihren Gewinn mindert.

Aufwand und Ertrag des Anlageguts

Auf der anderen Seite ist dem Unternehmen ein Nutzen entstanden: Nämlich die Nutzung der Büroausstattung. Durch diese Nutzung wird es dem Unternehmen möglich einen Ertrag zu erwirtschaften. Dieser Zusammenhang leuchtet unmittelbar ein, wenn eine Fertigungsmaschine angeschafft wird. Aber auch eine Büroausstattung und viele andere Dinge sind nötig, damit das Unternehmen seine Produkte herstellen oder seine Dienstleistungen erbringen kann.

Weil das Unternehmen also über Jahre hinweg von einem bestimmten Anlagegut profitiert, werden die Kosten anteilig auf diese Jahre verteilt. Gerechtigkeitshalber sozusagen. Sie können sich das in etwa so vorstellen, als ob das Unternehmen für die Nutzung des Anlageguts eine kalkulatorische Miete oder „Leasinggebühr" zahlen müsste.

Wann endet die Abschreibung?

Irgendwann ist die Büroausstattung nicht mehr nutzbar. Sie wird durch eine neue ersetzt. Zu diesem Zeitpunkt sollte die alte Büroausstattung vollständig abgeschrieben sein, also ihr Buchwert in der Bilanz/dem Inventar und der Steuererklärung sollte bei null liegen.

In einem solchen Fall entspricht die Summe aller Abschreibungsbeträge genau den ursprünglichen Anschaffungs- oder Herstellkosten. Anders formuliert: Die Anschaffungskosten eines Anlageguts werden auf den Zeitraum seiner Nutzung verteilt – und zwar als „betrieblicher Aufwand".

Wie Sie ein Anlagegut abschreiben

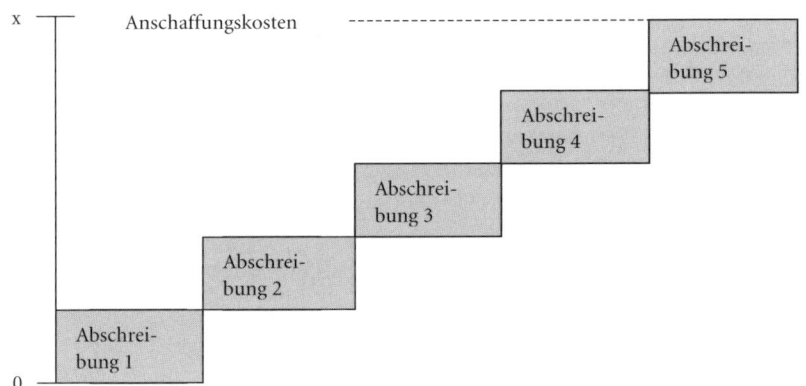

Die Anschaffungs- oder Herstellkosten eines Anlageguts werden über den Zeitraum seiner Nutzung abgeschrieben.

Maßgeblich ist nicht der Kaufpreis!

Wenn Sie ein Anlagegut erwerben, dreht es sich bei der Abschreibung um seinen „Wert". Doch von welchem Wert sollen Sie ausgehen? Welche Summe können Sie also im Laufe der Jahre abschreiben? Die Antwort: Nicht den Kaufpreis, sondern die Anschaffungskosten. Das heißt, sämtliche Anschaffungsnebenkosten wie die Aufwendungen für Transport, Montage, Provisionen, Versicherungen können Sie zum Kaufpreis hinzurechnen und abschreiben. Auf der anderen Seite müssen Sie alle Preisnachlässe wie Rabatt, Skonto und Bonus abziehen. Doch Achtung: Finanzierungskosten wie Kreditzinsen, Diskont und Bankgebühren gehören nicht zu den Anschaffungsnebenkosten. ◄

Bilanzielle und kalkulatorische Abschreibung

Wie bereits angesprochen spielen Abschreibungen bei der Bilanzierung, aber auch bei der Kostenrechnung eine Rolle. Beide Bereiche lassen sich voneinander trennen.

- In der Steuer- oder Handelsbilanz geht es um Information nach außen: Das Finanzamt, Investoren und die Öffentlichkeit erfahren etwas über die finanzielle Situation des Unternehmens. Das hat mitunter handfeste Konsequenzen (steuerliche Belastung, Gewinnausschüttung, aber auch für mögliche Investoren und Kreditgeber). Im Steuerrecht gibt es für bestimmte Wirtschaftsgüter festgeschriebene Abschreibungsfristen und die Möglichkeit von Sonderabschreibungen.
- In der Kosten- und Leistungsrechnung geht es um die interne Kalkulation. Hier sind Sie im Prinzip freier, den Restwert festzulegen. Es geht um eine möglichst realistische Schätzung. Konsequenterweise wird der Schätzung oftmals der Wiederbeschaffungs- oder Wiederverkaufswert zugrundegelegt.

Planmäßig abschreiben

Bei der bilanziellen Abschreibung wird ein Produkt in aller Regel planmäßig abgeschrieben. Die Anschaffungskosten werden nach einem vorher festgelegten Prinzip auf die Nutzungsdauer verteilt. Es wird also nicht bei jeder Bilanzierung bzw. Inventur überlegt, wie hoch im Moment der Wert des Abschreibungsobjekts sein mag. Das wäre viel zu aufwändig.

Stattdessen legen Sie vorher fest, nach welchem Prinzip Sie abschreiben möchten, linear oder degressiv sind die beiden Standardverfahren (→ S. 118). Sie wissen also von Anfang an, wie sich der Buchwert entwickeln wird. Und wann das Objekt „abgeschrieben" ist, also der Bilanz nach wertlos ist, weil sein Buchwert bei null oder beim symbolischen Wert von einem Euro liegt.

Sie wissen vorher, wann ein Produkt abgeschrieben ist

Das hat natürlich einige Vorteile. Es lässt sich besser planen und wesentlich einfacher kalkulieren, als wenn Sie immer wieder einen hypothetischen Marktpreis ermitteln müssten, der ohnehin irrelevant ist, da Sie ja im Normalfall Ihr Objekt während der Nutzung gar nicht verkaufen wollen.

Sonderabschreibungen

für
begünstigte
Vorgänge und
Wirtschafts-
güter

In manchen Fällen gibt es auch die Möglichkeit, gleich zu Beginn einen höheren Betrag abzuschreiben. Diese so genannten Sonderabschreibungen legt der Gesetzgeber fest. Dabei handelt es sich um „begünstigte Vorgänge" und „begünstigte Wirtschaftsgüter". Sonderabschreibungen sind an bestimmte Voraussetzungen geknüpft (z.B. maximale Höhe des Eigenkapitals).

Auf jeden Fall gehören die Sonderabschreibungen auch zur planmäßigen Abschreibung, denn es steht von vornherein fest, wann Sie wie viel abschreiben können. Ihre Abschreibungen verlaufen also ganz „nach Plan". Wie Sie die Sonderabschreibungen in Ihren Abschreibungsplan einpassen müssen, erfahren Sie ab Seite 128.

Außerplanmäßige Abschreibungen

Verläuft die Entwicklung nicht nach Plan, wird das Wirtschaftsgut in seiner Nutzungsfähigkeit beeinträchtigt, z.B. durch technischen Defekt, Brand, Unfallschaden oder Wasserrohrbruch, dann erleidet das Objekt eine unvorsehbare Wertminderung. Übrigens auch wenn sich die Investition als Fehlinvestition erweist, zum Beispiel die Telefonanlage nicht das hält, was man sich von ihr versprochen hat. In solchen Fällen ist es möglich, eine außerplanmäßige Abschreibung vorzunehmen. Die Beeinträchtigung muss dann aber nachweisbar sein.

Absetzung für Abnutzung – die AfA

CD-ROM

AfA-Tabellen

Im Steuerrecht gibt es den Begriff der Abschreibung nicht, stattdessen spricht man dort von der „Absetzung für Abnutzung", kurz AfA. Gemeint ist aber ein und dasselbe. Bei der näheren Gestaltung der Absetzung bzw. Abschreibung bleibt den Unternehmen ein gewisser Gestaltungsspielraum. Sie können die Abschreibungsmethode festlegen und in gewissen Grenzen auch die Nutzungsdauer.

Die AfA-Tabellen – das zeitliche Korsett für Abschreibungen

Zur Orientierung gibt die Finanzverwaltung so genannte AfA-Tabellen heraus, auf denen für diverse Anlagegüter die „betriebsgewöhnliche Nutzungsdauer" aufgeführt ist. Die Tabellen sind nach Wirtschaftszweigen gegliedert und geben die übliche Nutzungsdauer für das betreffende Wirtschaftsgut an. Vom Bierzelt (8 Jahre) bis zum Flugzeug (21 Jahre).

Diese Tabellen sind entgegen anderslautenden Gerüchten nicht verbindlich, sondern geben dem Finanzamt einen Anhaltspunkt, ob die Absetzung „angemessen" ist. Allerdings bedarf es schon sehr guter Gründe, vom Finanzamt eine *kürzere* Abschreibungsfrist anerkannt zu bekommen. In einem solchen Fall muss das betreffende Gut „objektiv wirtschaftlich verbraucht" worden sein. Längere Fristen sind demgegenüber kein Problem.

Holen Sie sich die aktuellen AfA-Tabellen aus dem Internet

Auf unserer CD-ROM finden Sie zwei AfA-Tabellen, die von den Finanzbehörden allerdings immer wieder aktualisiert werden. Wenn Sie also auf Nummer sicher gehen wollen, können Sie die aktuellen AfA-Tabellen auch von der Homepage des Bundesfinanzministeriums herunterladen.

Unter der Adresse www.bundesfinanzministerium.de gelangen Sie zu einem entsprechenden „Download". Allerdings gibt es zwei Dinge zu beachten: Sie können die Datei nur mit dem Textverarbeitungsprogramm Word öffnen. Und sie ist „gezippt", gewissermaßen „eingedampft". Das heißt, Sie müssen die Datei mit einer entsprechenden Software wieder „entpacken". Wenn Ihnen das zu umständlich ist, können Sie alle AfA-Tabellen auch unter der Adresse www.urbs.de/afa/home.htm nachlesen.   ◄

Handelsbilanz = Steuerbilanz

Um keine Missverständnisse aufkommen zu lassen: Nur bei der „kalkulatorischen Abschreibung" in der Kostenrechnung sind Sie im Wesentlichen frei, welchen Buch- oder Restwert Sie ansetzen. Für die bilanzielle Abschreibung gilt: Die Werte, die Sie als „Absetzung für Abnutzung" steuerlich geltend machen (müssen), sind ebenso für die Handelsbilanz verbindlich. Steuerbilanz und Handelsbilanz müssen übereinstimmen. Sonst bekommen Sie Schwierigkeiten. Insoweit ergibt sich die Nutzungsdauer in aller Regel aus den AfA-Tabellen. Bei der Abschreibungsmethode können Sie hingegen zwischen zwei Möglichkeiten wählen. Zumindest bei den „beweglichen Gütern" des Anlagevermögens.

Linear oder degressiv? Oder degressiv–linear?

Wie bereits erwähnt gibt es für die Abschreibung zwei Standardmethoden: die lineare und die degressive Abschreibung. Als dritte Möglichkeit ist eine Kombination beider Methoden vorgesehen. Und diese Kombination ist in vielen Fällen die vorteilhafteste Methode. Allerdings sind Sie nicht vollkommen frei, das Verfahren auszuwählen, das Ihnen am meisten zusagt.

Lineare Abschreibung: Sie ziehen jedes Jahr den gleichen Betrag ab

Eine ganz einfache Methode: Sie schreiben in jedem Jahr der Nutzungsdauer einen konstanten Betrag ab. Dazu müssen Sie nur die Anschaffungs- oder Herstellkosten durch die Nutzungsdauer (in Jahren) teilen. Als Ergebnis erhalten Sie den Betrag, den Sie jährlich abschreiben können.

$$Abschreibungsbetrag = \frac{Anschaffungskosten}{Nutzungsdauer\ in\ Jahren}$$

Nicht nur der Abschreibungsbetrag bleibt konstant, sondern auch der Prozentsatz, den Sie allerdings auf den ursprünglichen Wert, also die Anschaffungs- oder Herstellkosten, beziehen müssen.

$$Abschreibungssatz\ in\ \% = \frac{100\ \%}{Nutzungsdauer\ in\ Jahren}$$

Praxis-Beispiel

Lineare Abschreibung einer Fertigungsmaschine

Die Firma Solido erwirbt eine neue Fertigungsmaschine. Die Anschaffungskosten einschließlich aller Kaufnebenkosten belaufen sich auf 140.000,00 €. Die Nutzungsdauer soll sieben Jahre betragen.

Lineare Abschreibung über sieben Jahre. Anschaffungskosten 140.000 €

Jahr	Buchwert am Jahresanfang	Abschreibung (Satz 14,29 %)	Buchwert am Jahresende
1.	140.000,00 €	20.000,00 €	120.000,00 €
2.	120.000,00 €	20.000,00 €	100.000,00 €
3.	100.000,00 €	20.000,00 €	80.000,00 €
4.	80.000,00 €	20.000,00 €	60.000,00 €
5.	60.000,00 €	20.000,00 €	40.000,00 €
6.	40.000,00 €	20.000,00 €	20.000,00 €
7.	20.000,00 €	20.000,00 €	0,00 €

Wie Sie linear abschreiben

Um den jährlichen Abschreibungsbetrag zu berechnen, teilen Sie die Kaufnebenkosten von 140.000 € durch die sieben Jahre Nutzungsdauer. Das Ergebnis: 20.000 €. Der Abschreibungssatz liegt bei 14,29 % (100/7). ◄

Was bedeutet Buchwert null?

In unserem Beispiel beträgt der Buchwert nach Ablauf der Nutzungsdauer null. Das betreffende Objekt ist wertlos, wird verschrottet und durch ein neues ersetzt. Wenn es allerdings noch genutzt wird, so muss es mit einem „symbolischen Wert" oder „Erinnerungswert von 1,00 € in der Bilanz ausgewiesen werden.

Das Objekt hat keinen Wert mehr

Nicht immer endet die Abschreibung bei null

Manche Anlagegüter sind durchaus nicht wertlos, wenn sie ausgemustert werden. Sie lassen sich noch weiterverkaufen oder erzielen zumindest noch einen „Schrottwert". In diesem Fall endet die Abschreibung bei einem angenommenen Restwert. Dabei handelt es sich in der Regel um eine sehr zurückhaltende Schätzung, es wird also ein niedriger Betrag angenommen, der so genannte „Niederstwert", den das Unternehmen mit Sicherheit für das ausgemusterte Objekt bekommt.

Wenn Sie mit einem Restwert rechnen müssen, ändert sich ein wenig Ihre Rechnung: Um den Abschreibungsbetrag zu erhalten, müssen Sie von den Anschaffungskosten einfach nur den Restwert abziehen. Der Zinssatz bleibt selbstverständlich unverändert.

$$Abschreibungsbetrag = \frac{(Anschaffungskosten - Restwert)}{Nutzungsdauer\ in\ Jahren}$$

Und wenn Sie nachträglich noch etwas investieren?

Der Fall ist gar nicht selten, dass im Laufe der Nutzungszeit noch etwas investiert werden muss. Nehmen wir an, eine Maschine muss nach einigen Jahren „runderneuert" werden. Dadurch erhöht sich der Wert der Maschine und die Kosten können ebenfalls abgeschrieben werden. Allerdings verlängert sich durch solche Maßnahmen in der Regel auch die Abschreibungsfrist.

Welche Gründe sprechen für die lineare Abschreibung?

Die einfachste Art abzuschreiben

Den wichtigsten Vorzug der linearen Abschreibung haben Sie bereits kennen gelernt: Ihre Einfachheit. Der Rechenaufwand ist gering und die Wertentwicklung lässt sich bequem überblicken. Nicht zuletzt deshalb kommt die lineare Abschreibung auch in der Kostenrechnung ($\rightarrow$ S. 63) zum Einsatz. Denn damit lässt sich wesentlich bequemer rechnen, als wenn die Wiederbeschaffungskosten als Bemessungsgrundlage herangezogen werden müssen (zweifelsohne das anspruchsvollere, substanziellere Verfahren).

Lineare Abschreibung lohnt sich auch dann, wenn das Unternehmen in den ersten Jahren der Abschreibung noch wenig oder gar keinen Gewinn erwirtschaftet, der durch hohe Abschreibungsbeträge steuerlich gemindert werden kann. Wenn das Unternehmen in späteren Jahren seinen Gewinn erhöht, kann es dann einen höheren Abschreibungsbetrag geltend machen als bei der degressiven Methode.

Und schließlich ist die lineare Abschreibung in einem bedeutsamen Fall zwingend vorgeschrieben: Gewerblich genutzte Gebäude müssen linear abgeschrieben werden.

Degressive Abschreibung: Rechnen Sie mit dem abnehmenden Wertverlust

Vielleicht wissen Sie es aus eigener Erfahrung: Güter verlieren nicht gleichmäßig an Wert. Wenn Sie einen Neuwagen nach einem Jahr wieder veräußern, ist der Wertverlust besonders hoch, während es eine weit geringere Rolle spielt, ob Sie das Auto nach acht oder neun Jahren verkaufen. Der Wertverlust ist am Anfang besonders hoch, nimmt dann jedoch ab.

Diesem Sachverhalt will das degressive Abschreibungsverfahren Rechnung tragen. Der höchste Betrag wird im ersten Jahr abgeschrieben, in den Folgejahren geht der Abschreibungsbetrag immer weiter zurück.

Der Abschreibungssatz bleibt konstant

Während bei der linearen Abschreibung immer der gleiche *Betrag* vom Restbuchwert abgezogen wird, müssen Sie bei der so genannten „geometrisch-degressiven" Abschreibung immer den gleichen *Prozentsatz* vom Restbuchwert abrechnen. Weil der Restbuchwert immer kleiner wird, gehen auch die Abschreibungsbeträge von Jahr zu Jahr zurück.

Die geometrisch-degressive Abschreibung

Und weil immer nur ein bestimmter Anteil abgezogen wird, kann bei diesem Verfahren der Restbuchwert niemals den Wert null erreichen, man spricht deshalb auch von einer „unendlichen Abschreibung". Wenn jedoch das Anlagegut vollständig abgeschrieben werden soll, muss beizeiten das Abschreibungsverfahren gewechselt werden (→ degressiv-lineare Abschreibung).

Wie finden Sie den richtigen Abschreibungsbetrag?

Die Berechnung des Abschreibungsbetrags ist etwas komplizierter als beim linearen Verfahren. Zunächst einmal müssen Sie den Abschreibungssatz festlegen. Dazu ist es erforderlich, dass Sie den Abschreibungssatz für das lineare Verfahren berechnen. Warum das? Der Prozentsatz für die degressive Abschreibung darf höchstens das Dreifache davon betragen und niemals über 30 % liegen.

Maximal 30 %

Wie Sie ein Flugzeug degressiv abschreiben

Nach der aktuellen AfA-Tabelle muss das Flugzeug über einen Zeitraum von 21 Jahren abgeschrieben werden. Wollten Sie linear abschreiben, könnten Sie jedes Jahr 4,76 % (100 % / 21 Jahre) der Anschaffungskosten abschreiben. Der degressive Abschreibungssatz darf also höchstens 14,28 % betragen. ◂

Der degressive Abschreibungssatz sollte selbstverständlich wesentlich über dem linearen Satz liegen, denn sonst wäre ja der Vorteil dahin, dass Sie in den ersten Jahren mehr abschreiben können. Und es wäre vernünftiger, gleich linear abzuschreiben. Je nach Nutzungsdauer sind die folgenden Abschreibungssätze üblich:

Degressiver
Abschrei-
bungssatz

Veranschlagte Nutzungsdauer	Abschreibungssatz
4 bis 10 Jahre	30 %
12 Jahre	25 %
15 Jahre	20 %
20 Jahre	15 %

Haben Sie den degressiven Abschreibungssatz festgelegt, können Sie anfangen zu rechnen. Den Abschreibungsbetrag finden Sie, indem Sie vom Buchwert am Jahresanfang ausgehen und Ihrem Abschreibungssatz gemäß den jeweiligen Anteil berechnen, den Sie abschreiben können.

Damit Sie lineare und geometrisch-degressive Abschreibung unmittelbar miteinander vergleichen können, kehren wir zum Beispiel der Fertigungsmaschine (S. 111) zurück. Da die Abschreibungsdauer nur sieben Jahre beträgt, können wir für den Abschreibungssatz den Höchstwert von 30 % ansetzen.

Wie Sie
degressiv ab-
schreiben

Degressive Abschreibung über sieben Jahre. Anschaffungskosten 140.000 €

Jahr	Buchwert am Jahresanfang	Abschreibung (Satz 30 %)	Buchwert am Jahresende
1.	140.000,00	42.000,00	98.000,00
2.	98.000,00	29.400,00	68.600,00
3.	68.600,00	20.580,00	48.020,00
4.	48.020,00	14.406,00	33.614,00
5.	33.614,00	10.084,20	23.529,80
6.	23.529,80	7.058,94	16.470,86
7.	16.470,86	4.941,26	11.529,60 €

Im Vergleich zum Beispiel mit der linearen Abschreibung ist der Abschreibungssatz mit 30 % mehr als doppelt so hoch. Doch wirkt sich das in dieser Größenordnung nur auf die erste Abschreibung aus, dann sinkt der Abschreibungsbetrag rapide, im vierten Jahr liegt er bereits knapp 5.600 € unter dem konstanten Betrag der linearen Abschreibung.

Doch liegt der Buchwert durch die sehr hohe Abschreibung in den ersten beiden Jahren noch bis zum 7. Jahr unter dem der linearen Methode. Insgesamt wirkt sich daher das degressive Verfahren steuerlich günstiger aus. Wichtige Ausnahme: Das Unternehmen erwirtschaftet in den letzten Jahren der Abschreibung ein wesentlich höheren Gewinn als zu Beginn.

Die unendliche Abschreibung

Und es gibt noch einen Nachteil: Das Wirtschaftsgut kann nie vollständig abgeschrieben werden. Der Buchwert sinkt immer weniger. Dies ist vor allem dann nachteilig, wenn das betreffende Objekt ausgemustert wird und keinen „Restwert" mehr erbringt, sondern nur noch verschrottet werden kann. Doch um diesen Nachteil auszugleichen, gibt es ein drittes Verfahren, das wir Ihnen ab der nächsten Seite vorstellen.

Das Objekt wird nie vollständig abgeschrieben

Wie Sie den Restbuchwert berechnen

Anders sieht die Sache aus, wenn das Anlagegut nach Ablauf der Nutzung noch nicht wertlos ist. Wenn Sie es beispielsweise in Zahlung geben können. Dann sollten Sie wissen, wie hoch Ihr Anlagegut bewertet wird. Um den Restbuchwert bei degressiver Abschreibung zu bestimmen, gibt es folgende Formel (die Hochzahl n ist die Nutzungsdauer in Jahren).

$$Restbuchwert = Anschaffungskosten \cdot \left(\frac{1 - Abschreibungssatz}{100}\right)^n$$

Zuerst sollten Sie die Klammer ausrechnen: 1 − Abschreibungssatz durch 100. In unserem Beispiel haben wir mit 30 % gerechnet. Das Ergebnis der Klammer ist also 0,7 (nämlich 1 − 0,3). Hinter der Klammer steht eine Potenzzahl. Hier müssen Sie die Nutzungsdauer und zwar die Anzahl der Jahre einsetzen. In unserem Beispiel 7 Jahre: $0,7^7$ ergibt 0,0823543. Diesen Wert müssen Sie mit den Anschaffungs- oder Herstellkosten multiplizieren. In unserem Beispiel waren das 140.000 €. Das Ergebnis 11.529,60 € entspricht genau dem Restwert in der Tabelle auf Seite 122.

Die degressiv-lineare Abschreibung: Zum rechten Zeitpunkt das Verfahren wechseln

Erst degressiv, dann linear

In der Praxis ist diese Methode recht verbreitet, weil sie die Vorteile der degressiven und der linearen Abschreibung vereint. Es handelt sich um eine Kombination der beiden Verfahren. Also, zunächst wird degressiv abgeschrieben; sobald aber das lineare Verfahren eine höhere Abschreibung ermöglicht, wird gewechselt.

Allerdings können Sie nun nicht den vollen linearen Abschreibungsbetrag ansetzen. Sonst hätten Sie Ihr Anlagegut nämlich bereits vor dem Ende der Nutzungsdauer vollständig abgeschrieben. Wie können Sie dieses Problem lösen? Sie verteilen den aktuellen Buchwert auf die verbliebene Nutzungsdauer. Sie dividieren also den Buchwert durch die Anzahl der noch ausstehenden Jahre.

Degressiv-lineare Abschreibung einer Fertigungsmaschine

Die Firma Solido will ihre Fertigungsmaschine (→ S. 111) degressiv-linear abschreiben. Nach sieben Jahren soll die Maschine vollständig abgeschrieben sein.

In den ersten drei Jahren schreibt Solido die Maschine degressiv ab. Im vierten Jahr würde der degressive Abschreibungsbetrag (14.406) unter den linearen Abschreibungsbetrag (20.000) fallen. Möglicherweise lohnt sich jetzt ein Wechsel. Der Buchwert zu Anfang des vierten Jahres beträgt 48.020 €. Diesen Wert müssen Sie auf vier Jahre verteilen. Der neue Abschreibungsbetrag läge also bei 12.005 € (48.020 / 4). Das ist allerdings weniger als Sie im vierten Jahr degressiv abschreiben könnten. Also lohnt sich ein Wechsel noch nicht.

Im darauf folgenden Jahr könnten Sie degressiv 10.084,20 € abschreiben. Bei einem Wechsel zum linearen Verfahren müssten Sie den verbliebenen Buchwert von 33.614 € auf drei Jahre verteilen; der Abschreibungsbetrag liegt also bei 11.204,67 €. Nun lohnt sich der Wechsel.   ◄

Sie dürfen nur in eine Richtung wechseln

Zwar ist es ausdrücklich gestattet, von der degressiven zur linearen Abschreibung überzugehen. Der umgekehrte Wechsel ist allerdings nicht möglich. Wenn Sie einmal das lineare Verfahren gewählt haben, müssen Sie dabei bleiben.   ◄

Degressiv-lineare Abschreibung über sieben Jahre. Betrag 140.000 €			
Jahr	Buchwert am Jahresanfang	Abschreibung (Satz 30 %)	Buchwert am Jahresende
1. (degressiv)	140.000,00	42.000,00	98.000,00
2.	98.000,00	29.400,00	68.600,00
3.	68.600,00	20.580,00	48.020,00
4.	48.020,00	14.406,00	33.614,00
5. (linear)	33.614,00	11.204,67	22.409,33
6.	22.409,33	11.204,67	11.204,66
7.	11.204,66	11.204,66	0,00 €

Abschreibung

degressiv

linear

Buchwert null und trotzdem verkauft?

Der Vorteil des degressiv-linearen Verfahrens gegenüber der degressiven Abschreibung: Sie können das Anlagegut bis auf null Mark abschreiben. Das ist vor allem dann wichtig, wenn das Anlagegut tatsächlich verbraucht ist, es keinen Wert mehr besitzt.

Nun ist es aber auch denkbar, dass Sie ein Anlagegut bereits vollständig abgeschrieben haben – und dennoch einen Käufer finden. In diesem Fall müssen Sie den gesamten Erlös als Veräußerungsgewinn voll versteuern. Häufiger wird es jedoch vorkommen, dass Sie das Anlagegut zu einem Preis verkaufen können, der über dem Buchwert liegt. Dann gilt die Differenz zwischen Erlös und Buchwert als (steuerpflichtiger) Veräußerungsgewinn. Dabei müssen Sie den aktuellen Buchwert zum Zeitpunkt des Verkaufs zugrundelegen. Doch wie berechnen Sie eigentlich den aktuellen Buchwert? Mehr dazu im nächsten Abschnitt.

Erlös versteuern

Beginn und Ende der Abschreibung

Wenn Sie ein bestimmtes Objekt einen Monat vor Ende des Geschäftsjahrs erwerben, ist davon auszugehen, dass es nicht so stark an Wert eingebüßt hat wie wenn Sie es zehn Monate zuvor angeschafft hätten. Diesem Umstand soll bei der Abschreibung Rechnung getragen werden.

Abschreibung
beginnt bei
Lieferung

Deshalb beginnt die Abschreibung erst zu dem Zeitpunkt, wenn das betreffende Anlagegut geliefert oder fertiggestellt ist. Sie können also im ersten Jahr das Objekt nur zeitanteilig abschreiben – was natürlich besonders negativ ins Gewicht fällt, wenn Sie Ihr Objekt gegen Ende des Geschäftsjahrs erworben haben und degressiv abschreiben möchten.

Es gibt zwei Verfahren, den Anteil festzulegen:

- Die anteilige monatsgenaue Berechnung
- Die Festlegung nach der Vereinfachungsregel

Die anteilige monatsgenaue Berechnung

Entscheidend ist nicht der Tag, an dem das Objekt angeschafft wird. Maßgeblich ist vielmehr der Kalendermonat. Es macht also keinen Unterschied, ob eine Fertigungsmaschine am 1. oder am 31. März geliefert wird.

Nehmen wir der Einfachheit halber an, das Geschäftsjahr entspricht dem Kalenderjahr. So wird ein Objekt, das im März angeschafft wird, mit 10 Monaten berechnet, denn der Monat selbst zählt vollständig mit. Bei der linearen Abschreibung fällt die Berechnung noch relativ leicht. Sie müssen den Abschreibungsbetrag einfach durch zehn Zwölftel teilen.

Praxis-Beispiel

Die anteilige Berechung bei der linearen Abschreibung

Abgeschrieben wird ein Fabrikgebäude, das ab dem 25. Oktober 2000 genutzt wird. Nutzungsdauer: 32 Jahre. Abschreibungssatz: 3,125 %. Anschaffungskosten: 320.000 €. Der jährliche Abschreibungsbetrag beträgt 10.000 €.

Der Oktober zählt als voller Monat, also können drei Monate berechnet werden. Das ergibt einen Anteil von einem Viertel (= 3 / 12). Im ersten Jahr kann also ein Betrag von 2.500 € abgeschrieben werden.   ◄

Und wenn Sie degressiv abschreiben?

Wesentlich komplizierter ist die Berechnung für die degressive Abschreibung. Hier werden nämlich auch die Monate degressiv gestaffelt. Wir stellen Ihnen hier eine einfache und gängige Methode vor.

Die Vereinfachungsregel

Wesentlich leichter können Sie den Absetzungsbetrag finden, wenn Sie von der Vereinfachungsregel Gebrauch machen: Demnach können Sie alle Wirtschaftsgüter, die in der ersten Hälfte des Geschäftsjahres angeschafft oder hergestellt werden, zum vollen Betrag abschreiben. Für Objekte, die in der zweiten Hälfte des Geschäftsjahres angeschafft oder hergestellt werden, wird die Hälfte des Jahresbetrages angesetzt.

Die neue Telefonanlage vereinfacht abschreiben

Am 4. Oktober wird eine neue Telefonanlage angeschafft. Die Anschaffungskosten liegen bei 10.000 €. Es soll degressiv abgeschrieben werden. Der Abschreibungssatz beträgt 30 %.

Der volle Abschreibungsbetrag für das erste Jahr wäre 3.000 €. Da die Anlage in der zweiten Hälfte des Geschäftsjahres angeschafft wird, kann nach der Vereinfachungsregel immerhin die Hälfte davon abgeschrieben werden, also 1.500 €.   ◄

Wichtig: Die Vereinfachungsregel kann nur bei „beweglichen" Anlagegütern angewendet werden, also bei der Büroeinrichtung, Fahrzeugen, Maschinen etc. Bei Gebäuden und anderen „unbeweglichen" Objekten wie Brücken muss monatsgenau abgeschrieben werden.

Wann endet die Abschreibung?

Die Abschreibung endet, sobald das Objekt nicht mehr genutzt wird. Dafür gibt es im Allgemeinen zwei Gründe:

- Das Objekt ist unbrauchbar geworden, „verbraucht", es kann nicht mehr benutzt werden und wird ausgemustert.
- Das Objekt wird weiterverkauft, in Zahlung gegeben, einem Dritten überlassen, ins Privatvermögen überführt.

Wir haben schon darauf hingewiesen: Solange das Objekt noch in Gebrauch ist, kann es nicht vollständig abgeschrieben werden. Auch wenn es nach den Angaben der AfA-Tabelle bereits wertlos ist, so muss zumindest der symbolische Wert von einer Mark noch bilanziert werden.

Verkauf im laufenden Jahr

Wenn das Objekt im laufenden Jahr veräußert wird, so muss ebenfalls anteilig berechnet werden, wie hoch der aktuelle Buchwert zum Zeitpunkt des Verkaufs gewesen ist. In der Praxis hat das jedoch nur geringe Konsequenzen. Denn wenn der Erlös über dem Buchwert liegt, muss die Differenz ohnehin als Veräußerungsgewinn versteuert werden. Liegt er darunter, kann das Unternehmen einen Verlust geltend machen.

Entnahme aus dem Betriebsvermögen

Anders liegt der Fall, wenn ein Anlageobjekt aus dem Betriebsvermögen entnommen wird und beispielsweise in den Privatbesitz eines Eigentümers übergeht. Dann muss der Eigentümer den Restwert als Gewinn versteuern.

Wie Sie Sonderabschreibungen einpassen

Bis jetzt war nur von den Abschreibungsverfahren in „Reinkultur" die Rede. Allerdings gibt es – gerade für kleine und mittelständische Unternehmen – viele Möglichkeiten der Sonderabschreibung. Dabei können Sie zusätzlich zu Ihrer linearen oder degressiven Abschreibung noch einen weiteren Betrag abschreiben.

Sonderabschreibung nach § 7g

Nach § 7g des Einkommensteuergesetzes können kleinere und mittlere Betriebe für neue bewegliche abnutzbare Anlagegüter 20 % der Anschaffungskosten als Sonderabschreibung geltend machen. Diese Summe können Sie gleich im ersten Jahr anrechnen oder auf die ersten fünf Jahre verteilen.   ◀

Sonderabschreibungen bei linearer Abschreibung

Sonder-abschreibungen sind voll abziehbar

Bemerkenswerterweise ändern Sonderabschreibungen zunächst nichts an der Höhe der linearen Abschreibung. Wenn Sie also ein Objekt für 100.000 € Anschaffungskosten über zehn Jahre abschreiben, dann dürfen Sie zunächst neben der Sonderabschreibung den vollen Betrag von 10.000 € abziehen. Erst wenn die Sonderabschreibungsfrist abgelaufen ist, müssen Sie den restlichen Buchwert auf die verbleibende Nutzungsdauer verteilen. Sonst wäre das Objekt bereits vor dem Ende der „betriebsüblichen Nutzungsdauer" vollständig abgeschrieben.

Zehn Jahre Nutzungsdauer

Das Wirtschaftsgut soll zehn Jahre lang genutzt werden. Die Anschaffungskosten betragen 100.000 €. Gemäß § 7g soll die 20 %ige Sonderabschreibung in Anspruch genommen werden – und zwar zu gleichen Teilen in den ersten beiden Jahren.

Daraus ergibt sich folgende Rechnung: In den ersten beiden Jahren kann der Betrieb jeweils 20.000 € absetzen (10.000 € Sonderabschreibung + 10.000 € „reguläre" lineare Abschreibung). In den folgenden drei Jahren kann noch der volle lineare Abschreibungsbetrag von 10.000 € abgesetzt werden. Zu Anfang des 6. Jahres ist der Buchwert auf 30.000 € abgesunken.

Da das Gut noch fünf Jahre genutzt werden soll, ergibt sich für diesen Zeitraum ein neuer Abschreibungsbetrag von 6.000 € (30.000 / 5). ◄

Sonderabschreibungen bei degressiver Abschreibung

Auch bei der degressiven Abschreibung werden die Sonderabschreibungen einfach hinzugerechnet. Dadurch mindert sich der verbleibende Buchwert und infolgedessen auch alle weiteren Abschreibungsbeträge. Weil durch die degressive Methode niemals der Wert null erreicht wird, kommen Sie auch nicht in die Verlegenheit, Ihr Anlageobjekt „vorzeitig" abzuschreiben.

Zehn Jahre Nutzungsdauer degressiv abschreiben

Es gelten die gleichen Rahmenbedingungen wie beim Beispiel auf Seite $$$. Nur soll degressiv abgeschrieben werden. Und zwar zum vollen Abschreibungssatz von 30 %. Im ersten Jahr werden von den 100.000 € bereits 40.000 € abgeschrieben (10.000 € Sonderabschreibung + 30.000 € „reguläre" degressive Abschreibung). Der Buchwert ist also auf 60.000 € gesunken. Im zweiten Jahr werden 28.000 € abgeschrieben (10.000 € Sonderabschreibung + 18.000 € degressive Abschreibung). Der Buchwert beträgt jetzt nur noch 32.000 €. Im dritten Jahr können nur noch 9.600 € abgeschrieben werden. Im vierten Jahr noch 6.720 €.

Ohne Sonderabschreibung würde der Abschreibungsbetrag im dritten Jahr nur auf 14.700 € und vierten Jahr nur auf 10.200 € zurückgehen. ◀

Selbstverständlich können Sie auch von der degressiven zur linearen Methode wechseln, wenn Sie Sonderabschreibungen nutzen. Bei einem deutlich reduzierten Buchwert verschiebt sich der Zeitpunkt, zu dem dies günstig ist, allerdings merklich nach hinten.

Weitere Abschreibungsverfahren

Abschließend möchten wir noch darauf hinweisen, dass es noch eine ganze Reihe weiterer Abschreibungsverfahren gibt, die allerdings in der Praxis kaum (noch) eine Rolle spielen:

- Die „digitale" oder „arithmetisch-degressive" Abschreibung, die in älteren Fachbüchern noch thematisiert wird, jedoch seit 1985 nicht mehr zulässig ist. An ihre Stelle ist die „geometrisch-degressive" Abschreibung getreten, die wir hier vorgestellt haben.
- Die „progressive" Abschreibung, bei der die Abschreibungsbeträge nicht sinken wie bei der degressiven Methode, sondern ansteigen. Diese Methode kann nur dann angewendet werden, wenn nachweisbar die Beanspruchung des Objekts in Zukunft immer mehr zunimmt.
- Die „Leistungsabschreibung", die nicht die Lebensdauer des Objekts in Betracht zieht, sondern ihre Beanspruchung.

Wenn Sie nach Leistung abschreiben

Möglich nur für messbare Leistungen

Die Abschreibung nach Leistung ist von den drei genannten das wichtigste Verfahren. In der Steuer- und Handelsbilanz kommt sie nicht häufig zum Tragen, gleichwohl ist sie auch dort möglich. Sie wird eher in der Kostenrechnung eingesetzt, vor allem bei der Plankostenrechnung. Naheliegenderweise kommt sie nur für Objekte in Frage, die eine messbare Leistung erbringen, die für den Betrieb auch wesentlich ist. Im Wesentlichen geht es also um Fertigungsmaschinen.

Leistungsabschreibung einer Fertigungsmaschine

Kehren wir nochmals zur Fertigungsmaschine der Firma Solido zurück (→ S. 111). Nehmen wir an, die Firma plant schrittweise einen Ausbau der Kapazitäten, so dass die Maschine erst nach und nach stärker ausgelastet werden kann.

In den sieben Jahren der Nutzung sollen insgesamt 125.000 Teile gefertigt werden. Im ersten Jahr 10.000, in den letzten beiden jeweils 25.000 Teile. Die jeweilige Jahresproduktion der Maschine muss auf die Gesamtzahl der Teile bezogen, die produziert werden sollen, eben jene 125.000. Für jedes Jahr lässt sich daher ein bestimmter Anteil an der Gesamtproduktion berechnen. Für das erste Jahr (10.000 Teile) beispielsweise 8 %.

Folglich können im ersten Jahr nur 8 % der Anschaffungskosten (= 140.000 €) abgeschrieben werden, also 11.200 €. Wenn Sie den Abschreibungsbetrag für die folgenden Jahre berechnen, gehen Sie genauso vor. Dabei müssen Sie auf eines Acht geben: Den Prozentwert, der den Anteil an der Gesamtleistung ausdrückt, müssen Sie selbstverständlich jedes Mal auf die Anschaffungskosten beziehen – und nicht auf den aktuellen Buchwert. Daraus ergibt sich folgende Aufstellung:

Leistungsabschreibung über sieben Jahre. Betrag: 140.000 €				
Jahr	Leistung	Anteil gem. Leistung	Abschreibung	Buchwert am Jahresende in €
1.	10.000 Teile	8 %	11.200,00	128.800
2.	12.500 Teile	10 %	14.000,00	114.800,00
3.	15.000 Teile	12 %	16.800,00	98.000,00
4.	17.500 Teile	14 %	19.600,00	78.400,00
5.	20.000 Teile	16 %	22.400,00	56.000,00
6.	25.000 Teile	20 %	28.000,00	28.000,00
7.	25.000 Teile	20 %	28.000,00	0,00

Abschreibung nach Leistung

Ein grundsätzliches Problem besteht aber darin, die Leistung in Mengeneinheiten auf die Zukunft zu projizieren. Wie viel eine Maschine in einem bestimmten Jahr herstellt und wie viel in den darauffolgenden Jahren, das lässt sich jedoch kaum zuverlässig prognostizieren.

Rechnen im Betrieb: Lagerhaltung, Rabatt, Bestellmenge

In diesem Kapitel lernen Sie mehrere Rechenverfahren kennen, die Ihnen helfen können, in Ihrem Betrieb bessere Entscheidungen zu treffen. Oder wissen Sie „aus dem Bauch" heraus, wie viel Rabatt Sie einem Großkunden geben können oder wie hoch die „optimale Bestellmenge" bei bestimmten Waren ist? Das können Sie berechnen und dadurch Kostenvorteile nutzen. Außerdem können Sie Ihre Lagerhaltung optimieren, wenn Sie Ihre Bestände systematisch überprüfen.

Lagerhaltung

Gerade bei kleinen und mittleren Betrieben gelten die Lagerbestände im Allgemeinen als zu hoch. Denn Vorräte binden Kapital, das für andere Zwecke dringend benötigt wird. In manchen Betrieben erreichen die gelagerten Waren und Materialien einen Wert von 40 % des gesamten Vermögens oder des Jahresumsatzes. Das kostet sehr viel Geld.

Grundproblem: Zu hohe Lagerbestände

Als kostensenkende Maßnahme wird daher empfohlen, Lagerbestände abzubauen. Doch das ist leichter gesagt als getan. Denn Lager erfüllen ja auch wichtige Aufgaben für den Betrieb. Das wird vor allem dann spürbar, wenn ein wichtiges Produkt oder ein Rohstoff mal nicht „auf Lager" ist. Und teuer beschafft werden muss. Oftmals führen solche Erfahrungen dann dazu, dass die Lagerbestände weiter erhöht werden. Zur Sicherheit. Damit „so etwas" nicht noch einmal passiert. Doch ein prall gefülltes Lager treibt die Kosten weiter nach oben.

Es ist nämlich schon richtig: Betriebe können ihre Lagerbestände abbauen, ihre Kapazitäten besser nutzen und dadurch erhebliche Kosten sparen. Sie müssen nur wissen, welche Bestände sie reduzieren können und welche sie vielleicht sogar aufstocken sollten. Denn es kommt nicht darauf an, einfach nur Bestände abzubauen – sondern die richtigen Bestände abzubauen.

Bestände planvoll abbauen

Experten-Tipp

Erfassen Sie Ihre Lagerbestände

Die erste Voraussetzung, um die Lagerhaltung verbessern zu können: Sie müssen die Bestände, die laufenden Zu- und Abgänge systematisch erfassen. Wenn Sie gar nicht so genau wissen, wie lange Ihre Ware bei Ihnen auf Lager liegt, können Sie auch nichts verbessern.

Auf der anderen Seite verursachen die detaillierte Erfassung der Bestände und die Bedarfsermittlung Kosten, die in manchen Fällen durchaus die möglichen Einsparungen übersteigen können. Bevor Sie also mit der Analyse und Optimierung Ihrer Lagerhaltung beginnen, sollten Sie wissen, wo sich der Aufwand überhaupt lohnt. Wie finden Sie das heraus? Am besten durch die ABC-Analyse.   ◄

ABC-Analyse

Was ist wirklich wesentlich?

Allgemein gesprochen dient die ABC-Analyse dazu, Wichtiges von Unwichtigem zu trennen. Daher kann sie auch bei ganz anderen Fragen als der Lagerhaltung eingesetzt werden: Beim Zeitmanagement (welche Aufgaben sind wichtig, welche unwichtig?), bei der Klassifizierung von Lieferanten, Kunden oder Geschäftsprozessen. Bei der Lagerwirtschaft hat sich die ABC-Analyse gut bewährt.

Erstellen Sie eine Liste mit allen Lagerartikeln

Sie listen alle Artikel auf, die Sie lagern. Für jeden Artikel ermitteln Sie den so genannten „Jahresverbrauchswert", den Sie errechnen, indem Sie den gesamten Jahresbestand mit dem Beschaffungspreis multiplizieren. Bei selbstgefertigten Artikeln ersetzen Sie den Beschaffungspreis durch die Herstellkosten.

Haben Sie alle Artikel erfasst, müssen sie in eine Rangordnung gebracht werden: Der Artikel mit dem höchsten Jahresverbrauchswert steht ganz oben, am unteren Ende der Artikel mit dem niedrigsten Wert. Nun addieren Sie alle Werte zusammen. Dann berechnen Sie für jeden Artikel seinen prozentualen Anteil am Gesamtwert. In einer vierten Spalte notieren Sie den „kumulierten" Prozentwert, das heißt, Sie summieren alle Prozentwert der Artikel, die bis hierhin auf der Liste stehen, zusammen.

Artikel	Jahresverbrauchswert	% vom Gesamtwert	kumuliert	
1. Holzbauteil E1	29.400 €	14 %	14 %	ABC-Analyse: Die Liste
2. Metallteil U7	21.000 €	10 %	24 %	
3. Dämmstoffplatte H3	19.200 €	9,14 %	33,14 %	
...	...	...	...	
n. Heftklammern	10 €	0,004 %	100 %	

Das ABC-Schema

Der ABC-Analyse liegt folgendes Schema zugrunde: Die wichtigsten 5 % aller Artikel, die Sie lagern, erreichen bereits 75 % des gesamten Jahresverbrauchswerts. Diese Artikel gehören zur Kategorie A. Weitere 20 % der Artikel tragen 20 % zum Jahresverbrauchswert bei. Sie zählen zur Kategorie B. Bleibt noch der erstaunliche hohe Anteil von 75 % übrig, der zusammen nur einen Jahresverbrauchswert von 5 % ausmacht.

5 + 20 + 75 = 100 %

Dieses Schema gilt natürlich nicht mathematisch exakt. Es beschreibt aber eine wichtige Tendenz, die sich in vielen Bereichen beobachten lässt. Wenige Elemente besitzen eine herausragende Bedeutung, die überwiegende Mehrzahl trägt nur gering zum Gesamtergebnis bei.

Es ist also durchaus möglich, dass in Ihrem Lager 10 % aller Artikel zur Kategorie A zu rechnen sind. Oder die Kategorie C über 10 % zum Verbrauchswert beisteuert. Darauf kommt es nicht an. Entscheidend ist, dass Sie die Tendenz erkennen und Ihre Artikel entsprechend klassifizieren.

Konzentrieren Sie sich auf die Kategorie A

Wenn Sie Ihre Lagerhaltung verbessern wollen, lohnt es sich, dass Sie sich zunächst einmal auf die Artikel der Kategorie beschränken. Hier ist der Effekt am größten, wenn Sie überflüssige Lagerbestände abbauen, die Bestellmenge optimieren (→ S. 138), mit Lieferanten Sonderkonditionen aushandeln und die Warenbestände aufmerksam beobachten.

Wie verfahren Sie mit Artikeln der Kategorie C?

Natürlich dürfen Sie die Vielzahl der C-Artikel nicht aus den Augen verlieren. Allerdings sollten Sie hier bestrebt sein, den Aufwand eher zurückzufahren, die Bestellungen zu rationalisieren (z.B. durch Sammelbestellungen) und die Lagerbuchführung zu vereinfachen.

XYZ-Analyse

Wie planbar ist
Ihr Bedarf?

Ergänzt wird die ABC-Analyse durch ein verwandtes Verfahren, die so ge-
nannte XYZ-Analyse. Dabei geht es darum, wie regelmäßig die Artikel das
Lager durchlaufen, anders gesagt: wie planbar der Bedarf ist. Dabei müssen
Sie unterscheiden zwischen:

- Artikel mit einem konstanten Verbrauch. Die Planungssicherheit ist sehr
  hoch. Diese Artikel gehören zur Kategorie X.
- Artikel mit einem regelmäßigen, aber schwankenden Verbrauch. Sie
  gehören zur Kategorie Y.
- Artikel, deren Verbrauchsmenge kaum vorhersehbar ist. Sie sind der
  Kategorie Z zuzuordnen.

Anders als bei der ABC-Analyse gibt es hier keine Orientierungsmargen wie
das 5 %-20 %-75 %-Schema. Theoretisch ist es denkbar, dass alle Artikel
der Kategorie X zugehören. Dann hätten Sie vermutlich die geringsten
Schwierigkeiten, die Lagerhaltung zu organisieren. Bei allen Z-Artikel sollten Sie darauf achten, dass Sie nicht zu hohe Bestände aufbauen. Wenn
möglich sollten solche Artikel nur kurzfristig und bei Bedarf beschafft werden.

Kombinieren Sie ABC- und XYZ-Analyse

Im Allgemeinen wird die XYZ-Analyse als Ergänzung der ABC-Analyse
eingesetzt. Dadurch ergibt sich ein Neun-Felder-Raster, in das Sie alle Artikel einordnen können:

Neun-Felder-
Raster

Warenfluss	Verbrauchswert		
	X: konstant	Y: regelmäßig, aber schwankend	Z: unregelmäßig
A: hoch	„Gleitende" Beschaffung	Lagerbestand	Nach Bedarf
B: mittel	„Gleitende" Beschaffung	Lagerbestand	Fallentscheidung
C: gering	„Gleitende" Beschaffung	Lagerbestand	Fallentscheidung

Bei Artikeln mit der Kombination A-X lohnt es sich am meisten, eng mit den
Lieferanten zu kooperieren und den Warenstrom durchzuplanen. Hohe Bestände können Sie durch gute Planung vermeiden. Der Aufwand lohnt sich,
denn hier lässt sich am meisten einsparen. Hingegen sind die Y-Teile typische

Lagerartikel. Da sich ihr Verbrauch nur ungefähr planen lässt, bietet es sich am ehesten an, einen gewissen Vorrat als „Puffer" bereitzuhalten.

Rechnen Sie mit Höchststand, Meldebestand und „eiserner Reserve"

Sie können die Lagerhaltung wesentlich effizienter steuern, wenn Sie für jeden Artikel einen Höchststand und einen Sicherheitsbestand, die so genannte „eiserne Reserve", festlegen. Und den Meldebestand berechnen.

- Der Höchststand gibt an, wie viel von dem Artikel maximal am Lager sein darf. Er markiert die Obergrenze, die je nach Art und Umschlagshäufigkeit der Ware (verderblich, „Schnelldreher") ganz verschieden ausfallen kann. Auch die räumlichen Verhältnisse können eine Rolle spielen.

Höchststand

- Die „eiserne Reserve" oder der Sicherheitsbestand bezeichnet die Untergrenze. Weniger Artikel sollten nicht am Lager sein. Sonst wird es kritisch.

Sicherheits bestand

- Wenn der Meldebestand erreicht ist, muss der Artikel nachbestellt werden. Die Beschaffung braucht Zeit. Während dieser Zeit darf der Bestand nicht unter die „eiserne Reserve" sinken.

Meldebestand: „eiserne Reserve"

Wenn Sie den Verbrauch und die Beschaffungsdauer eines Artikels kennen, können Sie den Meldebestand ganz einfach berechnen. Denn der Meldebestand ist dann erreicht, wenn während der Beschaffung noch so viele Artikel verbraucht oder verkauft werden, dass am Ende nur die „eiserne Reserve" übrig bleibt.

Verbrauch (oder Absatz) pro Tag
· Beschaffungszeit in Tagen
= Zwischensumme
+ eiserne Reserve
= Meldebestand

Wann soll nachbestellt werden?

Herr Reister arbeitet bei HiFi-Wunderland. Sein Chef hat ihn beauftragt, die Lagerhaltung effektiver zu gestalten. Von einem bestimmten Radiowecker werden im Durchschnitt 10 Stück am Tag verkauft. Bei einer Nachbestellung vergehen von der Bestellung bis zum Liefereingang acht Werktage. Die eiserne Reserve soll für zwei Werktage reichen, beträgt also 20 Stück.

Der Meldebestand wird so berechnet: (10 Stück pro Tag · 8 Tage) + 20 Stück = 100 Stück. Wenn also nur noch 100 Radiowecker am Lager sind, muss nachbestellt werden.   ◄

Wie hoch Sie die eiserne Reserve ansetzen, hängt ganz von der Schwankungsbreite des Verbrauchs bzw. des Verkaufs ab. Wenn bei unserem Beispiel plötzlich 13 Wecker am Tag verkauft werden, ist die „eiserne Reserve" bereits verbraucht, bevor geliefert wird.

Experten-Tipp

Ordern Sie automatisch nach

Sie können sich viel Aufwand sparen, wenn Sie Ihre Warenwirtschaft so organisieren, dass automatisch ein Bestellvorgang ausgelöst wird, sobald der Meldebestand erreicht ist. Für diese Automatisierung kommen in erster Linie Artikel der Kategorie A in Betracht.   ◄

Die optimale Bestellmenge

In einem Betrieb gibt es durchaus gegensätzliche Interessen, wenn es darum geht, zu welchem Zeitpunkt wie viel von einem bestimmten Produkt bestellt werden soll.

große Bestellmenge
- Die Bestellung möglichst großer Mengen hat den Vorteil, dass günstigere Bedingungen auszuhandeln sind und Preisnachlässe in Anspruch genommen werden können. Außerdem muss nicht so oft bestellt werden, was günstig ist, denn jeder Bestellvorgang verursacht Kosten.

geringe Bestellmenge
- Die Bestellung möglichst geringer Mengen hat den Vorteil, dass die Lagerbestände klein bleiben. Dadurch bleiben die Fixkosten niedrig, das Kapital wird geschont. Außerdem ist das Unternehmen wesentlich flexibler und riskiert nicht, auf großen Beständen sitzenzubleiben, die nicht mehr verkäuflich sind.

Die jeweiligen Vor- und Nachteile müssen also gegeneinander abgewogen werden, um die günstigste Lösung zu finden. Es gibt sogar eine mathematische Formel dafür (→ S. 140), die Ihnen allerdings nur einen Anhaltspunkt geben kann, wie viel und wie oft Sie bestellen sollten.

Wann lohnt die Bestellmengen-Optimierung?

Um es gleich vorweg zu sagen: Eine Berechnung der optimalen Bestellmenge ist nur für Produkte sinnvoll, die Sie aufs Jahr betrachtet in großer Zahl ordern und die von großer Bedeutung für Ihren Betrieb sind, anders gesagt, die typischen „A-Produkte" der ABC-Analyse.   ◀

Experten-Tipp

Zwei gegenläufige Trends

Im Wesentlichen geht es um zwei gegenläufige Trends: Je größer die Bestellmenge, desto geringer die Beschaffungskosten und desto höher die Lagerkosten. Je kleiner die Bestellmenge, desto höher die Beschaffungskosten und desto geringer die Lagerkosten.

Die optimale Bestellmenge …

Die optimale Bestellmenge liegt irgendwo in der Mitte zwischen den Extremen. Sie wird errechnet, um Kosten, Vorteile und Risiken von Groß- und Kleinbestellungen gegeneinander abzuwägen.

… liegt in der Mitte

Was Sie alles wissen müssen

Für die einfachste Berechnung müssen Sie die folgenden Fragen beantworten können:

- Wie viel Stück brauchen Sie während der Planungsperiode (z.B. Jahresbedarf)?
- Wie hoch sind die Bestellkosten (Personalkosten, Frachtkosten etc.)?
- Wie viel kostet ein Stück?
- Wie hoch sind die Lagerhaltungskosten?
- Wie hoch ist der Wert des durchschnittlichen Lagerbestands? (Dazu müssen Sie die Menge mit dem Stückpreis multiplizieren.)

Bestimmen Sie den Lagerkostensatz

Aus den Lagerhaltungskosten und dem durchschnittlichen Lagerbestandswert errechnen Sie den Lagerhaltungsprozentsatz oder kurz Lagerkostensatz. Und zwar nach der folgenden Formel:

$$Lagerkostensatz\ in\ \% = \frac{Lagerhaltungskosten}{Durchschnittlicher\ Lagerbestandswert} \cdot 100$$

Errechnen Sie die optimale Bestellmenge

Nun können Sie die „optimale Bestellmenge" (in Stück) bestimmen. Sie ergibt sich aus der folgenden Formel:

$$Optimale\ Bestellmenge = \sqrt{\frac{200 \cdot Jahresbedarf \cdot Bestellkosten}{Stückpreis \cdot Lagerkosten} \cdot 100}$$

Je komplizierter das Verfahren, um so dürftiger das Ergebnis. Diese alte Mathematikerweisheit gilt hier in besonderem Maße. Denn die „optimale Bestellmenge", die Sie mit großem Aufwand errechnet haben, ist nur als grober Orientierungswert zu betrachten. Zusätzlich müssen Sie nämlich noch die folgenden Faktoren berücksichtigen:

grober Orientierungswert

- (gestaffelte) Mengenrabatte
- Verpackungseinheiten (z.B. 10er, 100er Packung)
- Schwankungen im Verbrauch
- Beschränkungen der Anlieferungszeiten

Optimale Bestellmenge eines Bauteils

Die Firma Gröben verarbeitet pro Jahr 3.000 Stück eines bestimmten Bauteils. Die Firma bezieht das Bauteil zum Stückpreis von 8,00 €. Die Kosten für eine Bestellung liegen bei 50,00 €. Wird nur einmal bestellt, beträgt der durchschnittliche Lagerbestand 1.500 Stück (nach der Formel von Seite 98: Anfangsbestand 3.000 + Endbestand 0 = 3.000 dividiert durch 2). Der Wert dieses Bestandes beträgt 12.000 €. Die Lagerhaltungskosten werden auf 1.320 € beziffert. Daraus ergibt sich ein Lagerkostensatz von 11 % (= (1.320 / 12.000) ·100).

Unter der Voraussetzung, dass dieser Lagerkostensatz konstant bleibt, errechnet sich die optimale Bestellmenge nach unserer Formel: 200 · 3.000 · 50, geteilt durch 8 · 11. Daraus ziehen Sie die Wurzel = 583,87.

Die optimale Bestellmenge liegt demnach bei 584 Stück. Woraus wiederum folgt, dass fünf Mal pro Jahr bestellt werden sollte. ◄

Rabatt-Analyse

Rabatte erfreuen sich großer Beliebtheit. Kunden nehmen sie gerne in Anspruch, weil sie dadurch vermeintlich oder tatsächlich Kosten sparen. Dabei geht es nicht nur um nüchterne Zahlenkalkulation, sondern auch der psychologische Effekt spielt eine nicht geringe Rolle: Kunden fühlen sich durch einen Preisnachlass gewissermaßen belohnt. Und Belohnungen nimmt man gemeinhin gerne entgegen.

Aber auch bei den Unternehmen sind Rabatte willkommen. Sie ermöglichen eine differenzierte Preisgestaltung gegenüber unterschiedlichen Abnehmern. Und sie sind geeignet, die Umsatzzahlen nach oben zu treiben – wobei gelegentlich übersehen wird, dass jeder Preisnachlass die Umsatzrendite nach unten treibt.

Welche Ziele haben Rabatte?

Rabatte werden aus unterschiedlichen Gründen gewährt. Jedoch geht es immer darum, einen geldlichen Anreiz für die Abnehmer zu schaffen, sich so zu verhalten, dass der Verkäufer einen Vorteil davon hat. Also wenn der Käufer zum Beispiel eine besonders große Stückzahl abnimmt, dann wird ihm ein Mengenrabatt gewährt – im Übrigen ein sehr verbreitetes Verfahren, den Absatz anzukurbeln und dadurch den Umsatz zu erhöhen. Andere Formen des Rabatts sind:

Jeder Rabatt soll einen Anreiz schaffen

- Einführungsrabatte: Ein Produkt kommt neu auf den Markt und wird verbilligt angeboten, um gleich hohe Stückzahlen abzusetzen.
- Vorausbestellungsrabatte: Wer vorausbestellt, zahlt weniger, weil sich durch einen hohen Anteil an Vorbestellungen sicherer kalkulieren lässt.
- Treuerabatte: Eine lange Kundenbindung ist für das Unternehmen sehr vorteilhaft. Also belohnt es seine „treuen" Kunden.
- Barzahlungsrabatt, der bekannte Skonto ($\rightarrow$ S. 57). Das Unternehmen profitiert von einer schnellen Bezahlung.
- Personalrabatt: Die Mitarbeiter dürfen verbilligt einkaufen. Ebenfalls eine Art der Belohnung, erhöht zudem die „Bindung" an die Firma.
- Saisonrabatt: Manche Waren und Dienstleistungen sind saisonabhängig (Modeartikel, Ferienwohnungen). Also muss derjenige weniger

bezahlen, der außerhalb der Saison kauft und so für eine gleichmäßigere Auslastung sorgt.

Experten-Tipp

Entwickeln Sie kreative Rabatte

Im Prinzip lässt sich jedes erwünschte Verhalten durch einen Preisnachlass belohnen. Dabei können Sie Ihre Kreativität spielen lassen. Wo liegen zur Zeit Defizite? Möchten Sie bestimmte Kundengruppen ansprechen, weil die für hohen Umsatz sorgen oder weil sie weitere Kunden „nachziehen"? Haben Sie ein Problem, weil Ihre Auftragsmengen zu klein sind? Dann sollten Sie darüber nachdenken, Ihre Listenpreise zu erhöhen und hohen Mengenrabatt zu gewähren.   ◄

Wie hoch darf der Rabatt sein?

Schlecht kalkulierte Rabatte ... Rabatte müssen genau kalkuliert werden. In der Praxis werden sie das oftmals nicht. Und so bringen manche „Starverkäufer" ihre Unternehmen in Verlegenheit, wenn sie ihre hohen Abschlüsse einer großzügigen Handhabung diverser Rabatte verdanken.

Außerdem kann ein beträchtliches Problem entstehen, wenn sich mehrere Rabatte zu einem so kräftigen Preisabschlag aufsummieren, dass die absolute Preisuntergrenze (→ S. 143) unterschritten wird.

Das darf natürlich nicht geschehen. Mithilfe der Kostenrechnung (Deckungsbeitrag- und Vollkostenrechnung, → S. 78) müssen Sie klären,

- wo die absolute Preisuntergrenze liegt,
- wie hoch Ihre Selbstkosten sind

... schaffen Probleme Daran müssen Sie sich orientieren. Denn auf lange Sicht können Sie kein Produkt unter Ihren Selbstkosten verkaufen. Sie müssen bei der Preiskalkulation (→ S. 77) alle Rabatte berücksichtigen. Selbstverständlich müssen Sie den Gewinnzuschlag mit einkalkulieren. Unter Umständen müssen Sie daher die „regulären" Preise ein wenig erhöhen.

Die Höhe des Rabatts richtet sich nach dem Nutzen

Welchen Nutzen haben Sie? Wie hoch der Rabatt sein sollte, das hängt ganz davon, wie groß der Nutzen ist, den Sie aus dem Verhalten der Rabattzahler ziehen. Wenn Sie beispielsweise einen Mengenrabatt gewähren, so sollten Sie durch diese Maßnahme

Ihren Umsatz so sehr erhöhen, dass auch mehr Gewinn in Ihrer Kasse bleibt. Ist das nicht der Fall, bedeutet der Mengenrabatt real einen Verlust. Anderes Beispiel: Skontozahlung. Auf den ersten Blick erscheinen Tageszinsen in Höhe von 36 %, die Sie ja Ihrem Kunden in gewissem Sinne einräumen (→ S. 58), geradezu mörderisch. Auf der anderen Seite profitieren viele Betriebe erheblich stärker davon, wenn ihre Kunden sofort bezahlen. Denn ansonsten müssten sie den Zahlungseingang stärker überwachen, Mahnungen schreiben, Verzugszinsen berechnen und vieles mehr. Selbstverständlich muss auf den Barverkaufspreis noch Skonto hinzugerechnet werden. Real handelt es sich also um einen Preisaufschlag, den aber Barzahler nicht tragen müssen.

Vorteile der Skontozahlung

Rabatt unter der Preisgrenze

In einzelnen Fällen ist der Nutzen so hoch, dass Sie mit dem Rabatt sogar unter die Preisuntergrenze rutschen können. Wenn nämlich sichergestellt ist, dass in Folge der Rabattgewährung der „reguläre" Umsatz angekurbelt wird. Zum Beispiel bezahlen bei manchen Veranstaltungen bestimmte Personengruppen gar keinen oder nicht den vollen Eintritt. Kinder zum Beispiel, weil sicher ist, dass ihre Eltern mitkommen, die dann den vollen Preis entrichten. ◀

Der reguläre Preis verteuert sich

Sie müssen sich vor Augen halten, dass bei einer soliden Preiskalkulation (→ S. 77) ein kräftiger Rabatt den regulären Preis nach oben treibt. In manchen Fällen kann das durchaus beabsichtigt sein. Etwa wenn Sie alle Ihre Kunden zu einem bestimmten Verhalten bringen wollen, das durch den Preisnachlass belohnt wird. Vielleicht sind Sie daran interessiert, in erster Linie Großkunden anzusprechen, weil die „kleinen Fische" hohe Kosten bei der Auftragsbearbeitung verursachen. Wenn Sie jetzt einen hohen Mengenrabatt gewähren, so sind Sie gezwungen, den regulären Preis heraufzusetzen. Dadurch schrecken Sie die Kunden ab, die keinen Anspruch auf den Rabatt haben.

Kundenabschreckung durch Rabatte

Hoher Treuerabatt schreckt Neukunden ab

Die Firma Grün stellt hochwertige Investitionsgüter her. Bei der Preiskalkulation für eine Maschine kommt sie auf einen Selbstkostenpreis von 5.890 Euro. Hinzugerechnet wird der 20%ige Gewinnaufschlag von 1.178 Euro. Daraus ergibt sich ein Barverkaufspreis von 7.068 Euro. Plus 2 % Skonto ($\rightarrow$ S. 57) in Höhe von 144,24 Euro ergibt den Zielverkaufspreis von 7.212,24 Euro.

Seinen langjährigen Kunden gewährt Grün einen Treuerabatt in Höhe von 30 %. Wie beim Skonto muss auch hier vom Endpreis aus gerechnet werden, denn vom Endpreis werden ja die 30 % abgezogen. Anders gesagt, der Zielverkaufspreis beträgt 70 % des Endpreises. Daraus ergibt sich ein Rabatt von 3090,96 Euro und ein Endpreis in Höhe von 10.303,20.

Die Konkurrenzfirma Blau stellt ein ähnliches Produkt her, kommt bei der Kalkulation auf den gleichen Zielverkaufspreis, gewährt jedoch nur 15 % Treuerabatt. Was den Stammkunden aber egal sein kann, denn die Stammkunden von Grün bezahlen trotz des hohen Rabatts ja keinen Euro weniger. Die Neukunden hingegen bekommen die Maschine bei Blau schon für 8.485,00 Euro und damit um 1.818,20 Euro günstiger.   ◄

Lohnt sich der Rabatt?

Bevor Sie Ihren Kunden Rabatt geben, sollten Sie wissen, wie viel Stück Sie mehr verkaufen müssen, um den gleichen Gewinn zu erwirtschaften wie ohne Rabatt. Dieses Wissen kann Ihnen auch nützlich sein, wenn ein Kunde Preisverhandlungen führt und einen Preisnachlass verlangt.

Zurückrechnen bis zum Deckungsbeitrag

Um die Auswirkungen des Rabatts einschätzen zu können, müssen Sie gewissermaßen die Preiskalkulation noch einmal zurückverfolgen. Zumindest bis zum Deckungsbeitrag. Sie führen zwei Kalkulationen durch, einmal mit, einmal ohne Rabatt.

Ledertasche mit Rabatt

Eine Ledertasche wird für 135,98 Euro angeboten. Ein Kunde möchte die Tasche für 120 Euro erwerben.

	Ohne Rabatt	Mit Rabatt	
Bruttoverkaufspreis	135,98 Euro	120 Euro	Rabatt-kalkulation
– 16 % Umsatzsteuer	18,76 Euro	16,55 Euro	
= Nettoverkaufspreis	117,22 Euro	103,45 Euro	
– 2 % Skonto	2,30 Euro	2,03 Euro	
= Barverkaufspreis	114,92 Euro	101,42 Euro	
– variable Kosten (Material, Lohn etc.)	60,20 Euro	60,20 Euro	
= Deckungsbeitrag	54,72 Euro	41,22 Euro	

Der Preisnachlass von 15,98 Euro beträgt 11,75 %. Doch sind die Auswirkungen auf den Deckungsbeitrag (und damit auf das Betriebsergebnis) wesentlich dramatischer. Der Deckungsbeitrag der Ledertasche, die mit Rabatt verkauft wird, liegt um 24,67 % niedriger als wenn sie zum vollen Preis über den Ladentisch geht, nämlich nur noch bei 41,22 Euro anstatt bei 54,72 Euro.

Auf die einzelne Tasche bezogen ergibt sich im Vergleich also ein Verlust um 24,67 %. Um diesen Verlust auszugleichen, müssen mehr Taschen verkauft werden. Und zwar erheblich mehr. Nehmen wir an, die Sache spricht sich herum und der Verkäufer sieht sich gezwungen, allen Interessenten diesen Rabatt einzuräumen.

Was meinen Sie, wie stark muss er seinen Absatz erhöhen? Fast um ein Drittel! Genauer gesagt um 32,75 %. Denn da der Deckungsbeitrag pro Tasche 41,22 Euro beträgt (= 100 %), muss er um 32,75 % mehr verkaufen als bei einem Deckungsbeitrag von 54,72 Euro (= 132,75 %). Wenn er vorher 100 Taschen verkauft hat, muss er jetzt 133 verkaufen, um das Ergebnis zu halten. ◀

Rabatt mit Hebelwirkung

Ein Preisnachlass von einigen Prozent kann den Gewinn beträchtlich schmälern. In der Praxis wird dieser Effekt sehr häufig unterschätzt. Viele Außendienstmitarbeiter sind überzeugt, ein zusätzlicher Rabatt von 5 % ließe sich leicht ausgleichen, weil der Gewinn um 5 % schrumpfe und sie den Absatz nur um 5 % erhöhen müssten. Beide Annahmen sind – wie gesehen – falsch.

Doch woran liegt das eigentlich? Es liegt an den variablen Kosten. Je höher der Anteil der variablen Kosten ist, desto stärker tritt dieser Hebeleffekt in Erscheinung. Das können Sie aus der tabellarischen Rechnung ersehen, die wir eben durchgeführt haben. Das ergibt sich aber auch aus der folgenden

Wirkung von Rabatten wird unterschätzt

Formel, mit der Sie direkt berechnen können, wie stark Sie den Absatz erhöhen müssen.

Nötige Absatzsteigerung =

$$\frac{\textit{Rabatt in \% · 100}}{\textit{(100 − Anteil variab. Kosten am ursprüngl. Barpreis in \% − Rabatt in \%)}}$$

Experten-Tipp

Keine Umsatzprovision für den Außendienst

Vor allem bei Produkten mit niedrigem Deckungsbeitrag (und hohen variablen Kosten) kann es fatale Auswirkungen haben, Außendienstmitarbeiter mit einer Umsatzprovision am „Erfolg" zu beteiligen. Mit großzügigen Rabatten erhöhen sie vielleicht den Umsatz und damit ihr Einkommen, sie schmälern aber den Gewinn. Wesentlich sinnvoller ist eine echte Erfolgsbeteiligung auf der Basis des Deckungsbeitrags.   ◄

Rabatt für Ladenhüter und Auslaufmodelle

Die Rechnung, die wir eben aufgemacht haben, gilt in erster Linie für den Fall, dass durch einen Preisnachlass der Umsatz erhöht werden soll, um letztlich das Betriebsergebnis zu verbessern. Eine Umsatzsteigerung mit sinkendem Gewinn ist eine Verschlechterung. Daher ist das Instrument des Rabatts mit Vorsicht zu gebrauchen.

Anders sieht die Sache aus, wenn ein Produkt zum ursprünglich kalkulierten Preis gar nicht verkauft werden kann. Wenn das Produkt also schon vorhanden ist, aber keinen Käufer findet. Dann gibt es drei Möglichkeiten:

- lagern, bis sich doch noch ein Käufer findet
- shreddern oder vernichten
- den Preis senken; wenn nötig, verramschen.

Nicht um jeden Preis verkaufen
Die dritte Lösung erscheint am wirtschaftlichsten. Immerhin bringt dann das Produkt noch etwas ein, während die beiden anderen Möglichkeiten nur Kosten verursachen. Dennoch ist es nicht immer ratsam, ein Produkt „um jeden Preis" loszuschlagen. Denn unter Umständen machen Sie sich damit die Preise kaputt. Gerade wenn Sie ein hochpreisiges Sortiment anbieten, ist es riskant, schwer verkäufliche Ware unter dem Selbstkostenpreis

zu „verschleudern". Ihre Kunden, die regulär bei Ihnen eingekauft haben, könnten Ihnen das verübeln.

Machen Sie sich nicht selbst Konkurrenz

Wenn Sie einen mehr oder minder drastischen Preisnachlass gewähren für Waren, die Sie nicht loswerden, dann sollten Sie darauf achten, dass ein gewisser Abstand zu Ihrem üblichen Sortiment gewahrt bleibt. Auslaufmodelle, die technisch nicht mehr auf dem neuesten Stand sind, Bekleidung, für die Sie in den nächsten Monaten keine Käufer finden, weil die „Saison" vorüber ist, oder Lebensmittel, die nicht mehr ganz so taufrisch sind, solche Produkte sind durchaus geeignet, auch mit kräftigen Preisabschlägen noch unter die Leute gebracht zu werden. Und natürlich auch die echten „Ladenhüter", Produkte, die einfach nicht gekauft werden und die Sie ohnehin aus Ihrem Sortiment nehmen.

Sonderrabatte

Einmalige Angebote und Sonderrabatte sind grundsätzlich anders zu bewerten als ein regelmäßiger Rabatt, zum Beispiel der Mengenrabatt oder der Treuerabatt. Bei Sonderrabatten können Sie verkaufen, „solange der Vorrat reicht", ohne dass Sie verpflichtet wären, für Nachschub zu sorgen.

Wenn die Nachfrage zu stark steigt

Wir haben es schon gesehen: Wenn Sie Rabatt geben, kann das ungewollte Folgen haben. Sie erhöhen den Umsatz, verringern aber Ihren Gewinn, weil der Umsatz nicht genügend gestiegen ist. Auf der anderen Seite kann es aber auch Probleme geben, wenn durch den Preisnachlass die Nachfrage sehr stark zunimmt.

Dann kann es nämlich sein, dass Ihre Kapazitäten nicht mehr ausreichen. Sie stehen dann vor dem Problem entscheiden zu müssen, ob sich eine Ausweitung der Produktion (oder des Verkaufs) für Sie lohnt. In diesem Fall hilft Ihnen die Investitionsrechnung weiter, die Sie im 8. Kapitel kennen lernen (→ S. 161).

So analysieren Sie die Gewinnschwelle

Jeder Betrieb möchte „schwarze Zahlen" schreiben, also einen mehr oder weniger stattlichen Gewinn erwirtschaften. In der Gründungsphase ist das immer etwas schwierig, doch nach fünf Jahren sollte ein Unternehmen die Gewinnzone erreicht haben. Sonst wird es kritisch, denn kein Unternehmen kann bestehen, wenn es nicht irgendwann rentabel arbeitet.

Unter welchen Voraussetzungen Ihr Unternehmen in die Gewinnzone kommen kann, darüber gibt die Gewinnschwellen-Analyse Auskunft. Sie lässt sich ebenso auf einzelne Produkte oder Betriebsteile anwenden, ja die Produktanalyse ist vermutlich die am stärksten verbreitete Form. Dabei kann die Gewinnschwellen-Analyse genutzt werden, um das Gewinnziel zu bestimmen, die Preispolitik zu verbessern und Investitionspläne zu prüfen.

Wann schreiben Sie schwarze Zahlen?

Die Deckungsbeitragsrechnung ist die Basis

Das Grundprinzip ist relativ einfach, jedoch gibt es zahlreiche Varianten und Verfeinerungen, die für sehr komplexe Berechnungen eingesetzt werden können. Doch die können Sie den Experten überlassen. Worüber Sie hingegen Bescheid wissen sollten, sind die Kerngedanken der Gewinnschwellen-Analyse. Und die werden in diesem Kapitel vorgestellt.

Sollten Ihnen die Grundlagen der Kostenrechnung und vor allem der Deckungsbeitragsrechnung nicht mehr so ganz präsent sein, dann empfiehlt es sich, dass Sie das Kapitel noch einmal nachlesen (→ S. 63). Denn die Gewinnschwellen-Analyse baut darauf auf.

Der Break-even-Point

Dreh- und Angelpunkt der Gewinnschwellen-Analyse ist – Sie werden darüber nicht sehr überrascht sein – die Gewinnschwelle oder, wie man auch sagt, der Break-even-Point. An diesem magischen Punkt ist der Umsatz genauso hoch wie die Kosten. Mit anderen Worten: Der Gewinn ist gleich

CD-ROM

Gewinn-
schwellen-
analyse

Null. Tröstlicherweise aber auch der Verlust. So gesehen ist der Break-even-Point wie die Null-Grad-Grenze in der Physik: Ein idealer Bezugspunkt.

Der Break-even-Point lässt sich – wenigstens unter idealisierten Bedingungen – relativ leicht ermitteln. Sie müssen zwar einige Zahlen kennen, doch sollten Sie diese der Kostenrechnung entnehmen können, genauer: der Deckungsbeitragsrechnung.

Um den Break-even-Point zu bestimmen, brauchen Sie folgende Werte:

- Die Höhe der Fixkosten in dem betrachteten Zeitraum (z.B. einen Monat)
- Die Höhe der variablen Kosten pro Stück
- Die (kalkulierte) Verkaufsmenge in dem betrachteten Zeitraum (z.B. während eines Monats)
- Den Umsatzerlös bzw. Verkaufspreis pro Stück
- Die Auslastung der Kapazitäten (fakultativ)

Praxis-Beispiel

Rucksäcke an der Gewinnschwelle

Der Firma Dreher fertigt Rucksäcke, die sie für 50 Euro pro Stück verkauft. Pro Tasche entstehen der Firma variable Kosten in Höhe von 35 Euro. Hinzu kommen monatliche Fixkosten in Höhe von 8.000 Euro. Die Firma kalkuliert einen monatlichen Absatz von 600 Taschen, was einer Auslastung von 80 % entspricht. Die Zahlen lassen sich in der folgenden Tabelle zusammenfassen:

Umsatz,
Kosten und
Gewinn

Verkaufte Stückzahl (Auslastung)	Umsatz	Kosten (fix und variabel)	Gewinn/Verlust
0	0 Euro	8.000 Euro	- 8.000 Euro
375 (50 %)	18.750 Euro	21.125 Euro	- 2.375 Euro
600 (80 %)	30.000 Euro	29.000 Euro	1.000 Euro
750 (100 %)	37.500 Euro	34.250 Euro	3.250 Euro

Das Break–even–Diagramm

Zwar können Sie den Break-even-Point auch rein rechnerisch bestimmen, zum Beispiel in Form einer Tabelle wie eben, jedoch ist eine graphische Darstellung anschaulicher und leichter zu verstehen. Die Break-even-

Diagramme sehen mitunter etwas verschieden aus, sie liefern jedoch alle die gleichen Ergebnisse.

Das Koordinatensystem

Auf der senkrechten Achse des Koordinatensystems werden die Kosten und die Umsatzerlöse erfasst, je nach Größenordnung in 1.000, 10.000 oder 100.000 Euro. Die waagerechte Achse misst die Verkaufsmenge in Stück und – wenn das möglich ist – die Auslastung der Kapazitäten: Wenn Sie in einer Großbäckerei 10.000 Brote pro Monat backen können und tatsächlich nur 5.000 gebacken werden, dann beträgt die Auslastung 50 %.

senkrechte und waagrechte Achse

Die Auslastung der Kapazitäten

Zwar lässt sich der Break-even-Point auch ohne die Angabe bestimmen, zu wie viel Prozent die Kapazitäten genutzt werden. Jedoch wird das Diagramm wesentlich aussagekräftiger, wenn Sie erkennen, wie stark Sie Ihre Kapazitäten nutzen müssen, um in die Gewinnzone zu kommen, und welchen Gewinn Sie maximal erwirtschaften können – bei voller Auslastung Ihrer Kapazitäten.

Gefertigte und verkaufte Stücke

Um die Berechnung zu vereinfachen, unterscheiden wir zunächst einmal nicht zwischen der gefertigten und der verkauften Ware. Wir unterstellen einfach: Wenn ein Stück gefertigt wird, dann wird es auch verkauft. Alle überschüssigen Stücke, die nicht verkauft werden, bleiben also unberücksichtigt. Was durchaus hinnehmbar ist, denn es geht ja erst einmal darum herauszufinden, ab welcher Grenze kostendeckend produziert werden kann.

unverkauftes bleibt unberücksichtigt

Die Fixkostenlinie

In das Diagramm tragen Sie als erstes Ihre Fixkosten ein. Da sie unabhängig von der verkauften Menge bzw. dem Grad der Auslastung sind, ergibt sich eine Gerade ohne Steigung (→ folgende Abbildung).

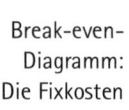

Break-even-
Diagramm:
Die Fixkosten

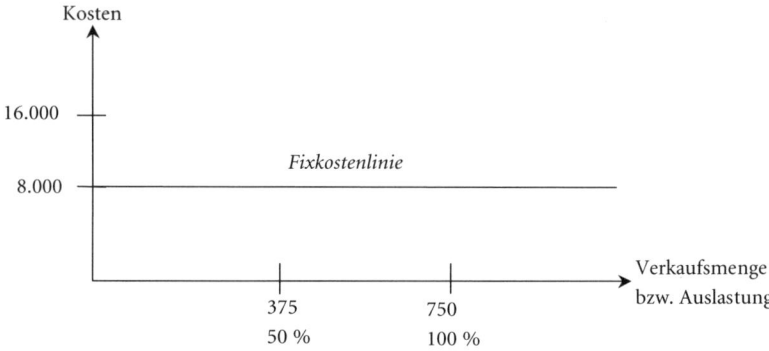

Variable Kosten und Gesamtkosten

Die variablen Kosten sind bekanntlich stückbezogen und steigen an, je mehr Teile Sie verkaufen oder fertigen (was hier gleichgesetzt wird). Bei einem linearen Zusammenhang, also gleichmäßig steigenden Kosten, ergibt sich eine ansteigende Gerade. Wenn Sie diese Gerade nicht beim Nullpunkt beginnen lassen, sondern bei der Fixkostenlinie, erhalten Sie die Gesamtkostenlinie.

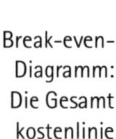

Break-even-
Diagramm:
Die Gesamt
kostenlinie

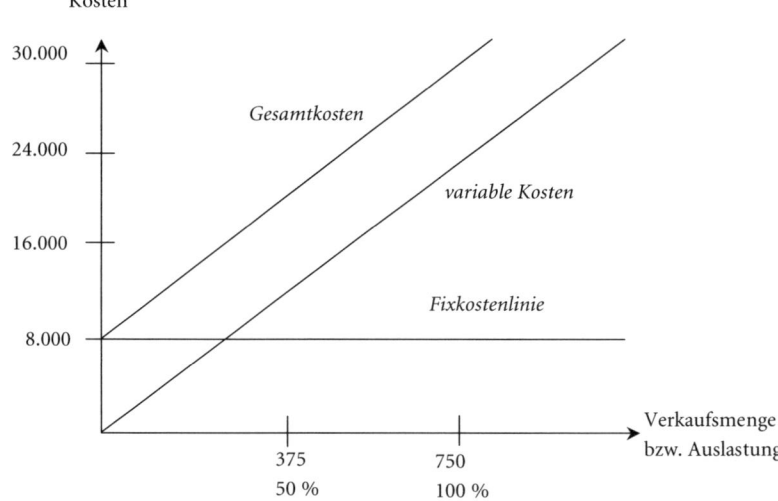

Umsatzerlöse

Bis jetzt haben wir nur die Kosten berücksichtigt. Erst wenn wir die Linie für die Umsatzerlöse hinzufügen, wird eine Break-even-Analyse möglich. Der Umsatz errechnet sich wie erinnerlich aus dem Abnahmepreis der Ware. Der Einfachheit halber kalkulieren wir hier mögliche Rabatte nicht mit ein. Obwohl auch das natürlich möglich wäre. Dann würde die Gerade allerdings zu einer Zickzacklinie.

Umsatzerlös = Abnahmepreis pro Stück · Verkaufsmenge in Stück

Aus dieser Formel ergibt sich eine Gerade, die am Nullpunkt beginnt und die steiler ansteigt als die Gesamtkostenlinie. Der Schnittpunkt der Gesamtkostenlinie und der Linie der Umsatzerlöse ist der Break-even-Point.

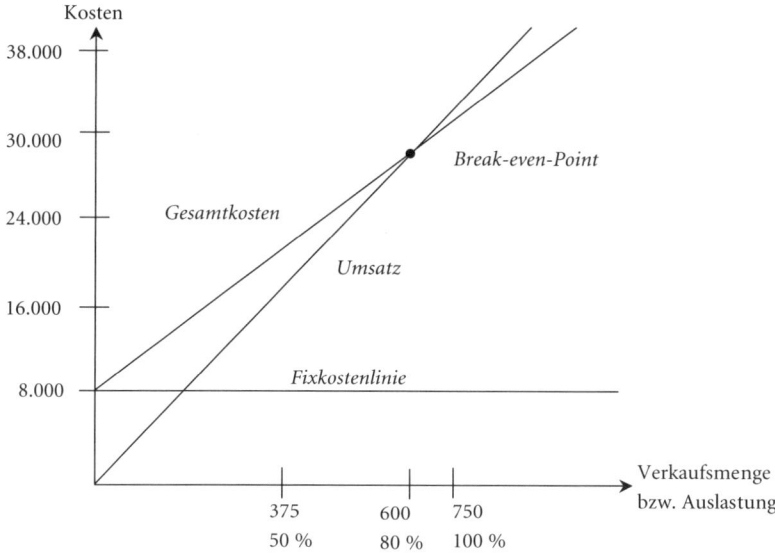

Break-even-Diagramm: Umsatzerlöse und Break-even-Point

Am Schnittpunkt: Der Break-even-Point

Was bedeutet der Break-even-Point in unserem Diagramm? Seine Koordinaten bezeichnen einerseits die Höhe der Kosten und des Umsatzes, andererseits die Verkaufsmenge, die nötig ist, damit Sie gerade bei plus-minus Null herauskommen. Mit anderen Worten, wenn Sie weniger verkaufen, ergibt sich ein Verlust, verkaufen Sie mehr, ergibt sich ein Gewinn.

Was lässt sich aus dem Diagramm ablesen?

Das einfache Break-even-Diagramm enthält bereits eine ganze Reihe von Informationen. Auf einen Blick können Sie erkennen, wie viel Stück der Betrieb verkaufen muss,

- um seine Fixkosten zu decken (am Schnittpunkt der Fixkosten- und der Umsatzerlös-Linie)
- um kostendeckend zu arbeiten (am Break-even-Point)
- um einen bestimmten Gewinn zu erzielen.

Experten-Tipp

Liegt der Break-even-Point sehr weit rechts?

Befindet sich der Break-even-Point in Ihrem Diagramm sehr weit rechts, ist dies ein Hinweis darauf, dass die Kosten zu hoch sind. Der Betrieb braucht eine sehr hohe Auslastung, um kostendeckend zu produzieren.　◄

Wenn Sie die Fixkosten senken können

Aus dem Diagramm können Sie leicht erschließen, wie sich der Gewinn verändert, wenn Sie die Fixkosten senken – oder erhöhen. Sie brauchen nur eine zweite Fixkostenlinie einzuzeichnen, aus der sich eine neue Gesamtkostenlinie ergibt, die wiederum den Break-even-Point verschiebt (nächste Seite).

Das Break-even-Diagramm in DBU-Form

Eine sehr verbreitete Form des Break-even-Diagramms ist das so genannte DBU-Diagramm, wobei die Abkürzung DBU für „Deckungsbeitrag und Netto-Umsatz steht. Die senkrechte Achse misst das Betriebsergebnis (also

Gewinn oder Verlust), während die waagerechte Achse den Netto-Umsatz angibt. Es wird also das Verhältnis von Umsatz und Gewinn abgebildet. Auf diese Art ist es leichter, die Höhe von Gewinn oder Verlust bei einem bestimmten Umsatz abzulesen. Der Break-even-Point befindet sich naheliegenderweise am Schnittpunkt von DBU-Linie und waagerechter Achse.

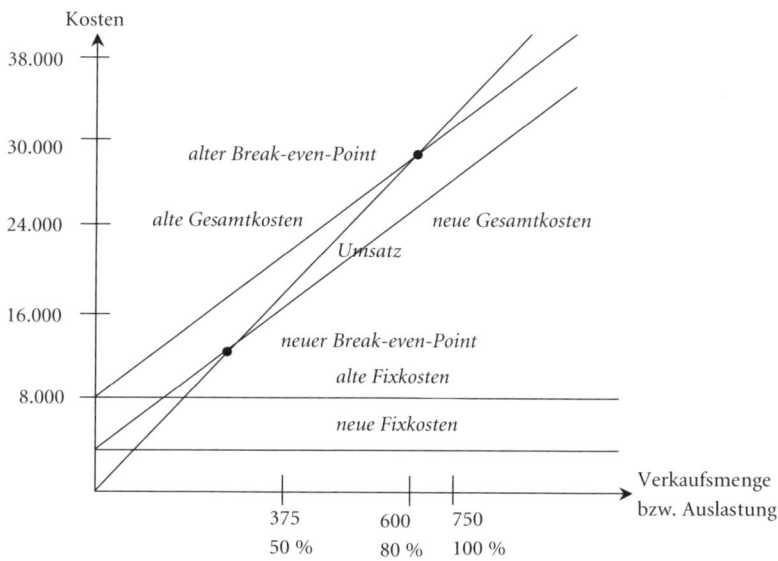

Break-even-
Diagramm:
Kostensenkung

Die Senkung der Fixkosten um einen geringfügigen Betrag kann die Rentabilität erheblich verbessern. Der Break-even-Point wird wesentlich eher erreicht.

Wie finden Sie die DBU-Linie?

Die DBU-Linie beginnt bei der senkrechten Achse auf Höhe der fixen Kosten, die natürlich als Verlust erscheinen: Bei null Umsatz entsteht ein Verlust in Höhe der Fixkosten. Die Steigung der DBU-Linie entspricht der Höhe des Deckungsbeitrags – bezogen auf den Umsatz.
Wenn wir uns also auf das Rucksackbeispiel von Seite 150 beziehen: Bei einem Verkaufspreis von 50 Euro und 35 Euro variablen Kosten, bleibt ein Deckungsbeitrag von 15 Euro übrig, den Sie nun nochmals auf den Umsatz

(= Verkaufspreis) von 50 Euro beziehen müssen. Die Steigung der DBU-Linie beträgt also 0,3 (= 15 / 50). Die Linie beginnt links bei einem Wert von – 8.000 Euro.

 Das DBU-Diagramm misst das Verhältnis von Umsatz und Gewinn

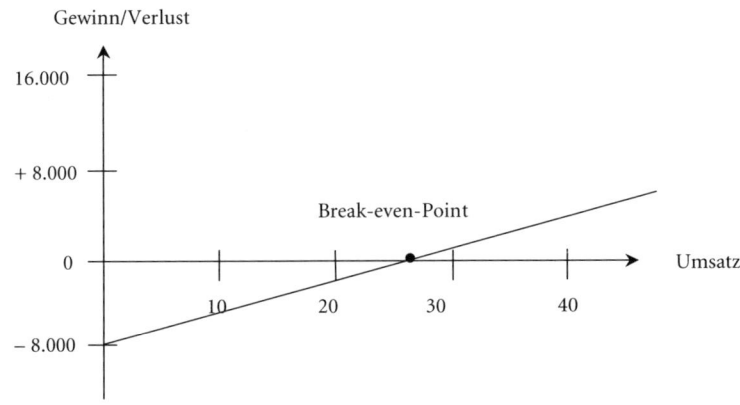

Deckungsbeitrag, Umsatz und Gewinn

Mit dem DBU-Diagramm können Sie übrigens den Zusammenhang zwischen Deckungsbeitrag, Umsatz und Gewinn erkennen. Es lässt sich auf einen Blick nachvollziehen, dass der Deckungsbeitrag die entscheidende Größe für den Gewinn ist – und nicht der steigende Umsatz. Eine Frage, die uns schon bei der Berechnung des Rabatts beschäftigt hat (→ S. 144). Je höher der Deckungsbeitrag, um so weniger Umsatz ist nötig, um kostendeckend zu arbeiten.

Break-even-Analyse mit Kennzahlen

Die Break-even-Analyse beschränkt sich nicht auf das Zeichnen von Diagrammen. Es werden auch einige wichtige Kennwerte bestimmt, die Ihnen Aufschluss über die Kostensituation des Betriebes bzw. des Produkts geben. Diese Kennzahlen stellen wir Ihnen kurz vor, erklären ihre Bedeutung und berechnen sie, wobei wir uns an das Beispiel von Seite 150 halten.

Der Break-even-Umsatz

Diese Kennzahl bezeichnet den Umsatz, den ein Unternehmen oder ein Produkt erreichen muss, um kostendeckend zu arbeiten. Den Wert können wir auch aus den Diagrammen ablesen, wir können ihn aber direkt berechnen. Mit der folgenden Formel:

$$Break\text{-}even\text{-}Umsatz = \frac{Fixkosten}{1 - \dfrac{variable\ Stückkosten}{Verkaufspreis\ pro\ Stück}}$$

Nach unserem Beispiel beträgt der Break-even-Umsatz: Monatliche Fixkosten von 8.000 Euro / (1 – [35 / 50 Euro]) = 8.000 / (1 – 0,7) = 8.000 / 0,3 = 26.666,67 Euro.
Bei einem Verkaufspreis von 50 Euro liegt die Gewinnschwelle also zwischen 533 (leichter Verlust) und 534 (leichter Gewinn) verkauften Rucksäcken (= 26.666,67 / 50).

Der Break-even-Beschäftigungsgrad

Mit dieser Kennzahl können Sie erkennen, wie stark das Unternehmen bzw. die Produktion ausgelastet sein muss, um die Kostendeckung zu erreichen. Dazu müssen Sie nur wissen, wie hoch der Umsatz bei voller Auslastung wäre.

$$\begin{array}{c} Break\text{-}even\text{-}Beschäftigungsgrad \\ (in\ \%) \end{array} = \frac{Break\text{-}even\text{-}Umsatz}{Umsatz\ bei\ 100\ \%\ Auslastung} \cdot 100$$

Bei unserem Beispiel liegt die Höchstkapazität bei 750 Rucksäcken im Monat. Bei einem Verkaufspreis von 50 Euro ergibt sich der höchstmögliche Umsatz von 37.500 Euro. Folglich ist der Break-even-Beschäftigungsgrad: (26.666,67 / 37.500) x 100 = 71,11 %. Ab einer Auslastung von 71,11 % beginnt der Betrieb schwarze Zahlen zu schreiben.

Die Sicherheitsstrecke

Um die aktuelle Ertragslage eines Betriebes bzw. eines Produkts besser beurteilen zu können, wird die so genannte Sicherheitsstrecke berechnet. Sie gibt an, um welchen Betrag der Umsatz zurückgehen darf, ehe die Verlustzone erreicht wird. Je größer die Sicherheitsstrecke, desto solider sieht die ganze Sache aus. Denn auch wenn die Gewinnsituation momentan gut sein sollte, bei einer „kurzen" Sicherheitsstrecke genügt eine kleine Umsatzdelle, um das Unternehmen wieder in die roten Zahlen zu bringen.

Wie stark darf der Umsatz zurückgehen?

$$Sicherheitsstrecke = Aktueller\ Umsatz - Break\text{-}even\text{-}Umsatz$$

Bei unserem Beispiel nehmen wir die kalkulierten 600 Rucksäcke zum Ausgangspunkt. Dem entspricht ein Umsatz von 30.000 Euro. Die Differenz zum Break-even-Umsatz von 26.666,67 liegt immerhin bei 3.333,33 Euro.

Der Sicherheits-Koeffizient

Einen noch genaueren Aufschluss über die Umsatzsituation als die „Sicherheitsstrecke" erlaubt der Sicherheits-Koeffizent. Denn die Sicherheitsstrecke gibt lediglich Auskunft über die absoluten Zahlen. Eine Sicherheitsstrecke, die für ein großes Unternehmen bedenklich kurz ist, kann für einen kleinen Betrieb ein sicheres Polster bedeuten.

Um wie viel Prozent darf der Umsatz sinken?

Vergleichbar werden beide Unternehmen erst durch den Sicherheits-Koeffizienten. Denn er misst die Sicherheitsstrecke im Verhältnis zum Umsatz. Das Ergebnis: Der Prozentsatz, um den der Umsatz sinken kann, ehe der Betrieb in die Verlustzone gerät.

$$Sicherheits\text{-}Koeffizient\ in\ \% = \frac{Sicherheitsstrecke}{Umsatzerlös} \cdot 100$$

Bezogen auf die Rucksackproduktion ergibt sich ein Sicherheits-Koeffizient von (3.333,33 / 30.000) · 100 = 11,11 %. Erst wenn der Umsatz um mehr als 11 % hinter den Erwartungen zurückbleibt, schreibt das Unternehmen Verluste.

Modellrechnungen

Die Break-even-Analyse dient nicht nur der Beschreibung eines aktuellen Zustands. Sie eignet sich ebenso dazu, bestimmte Annahmen modellhaft durchzurechnen. Dabei erweist sich der Bezug auf den Break-even-Point als sehr hilfreich. Unabhängig davon, von welcher Seite Sie die Gewinnschwelle anvisieren: ob als Zielmarke, die es zu erreichen gilt, um kostendeckend zu arbeiten. Oder ob Sie ihn von der Gewinnseite im Auge behalten und den „Sicherheitsabstand" zu diesem Nullpunkt vergrößern möchten.

Lohnt sich der Kauf? – Wie Sie Ihre Investitionen kalkulieren

Die Entscheidung über eine Investition ist keine leichte Aufgabe. Von ihr kann sehr viel abhängen, in einzelnen Fällen sogar der Bestand des ganzen Betriebes. Dabei muss jeder, der einen Betrieb führt oder in verantwortlicher Position arbeitet, immer wieder über Investitionen entscheiden. Auch wer sich um eine Entscheidung immer wieder herumdrückt, führt letztlich eine Entscheidung herbei, nämlich dass erst einmal nichts geschieht – und das ist in der Regel die allerschlechteste Entscheidung.

Was macht eine Investitionsentscheidung so schwierig?

Das größte Problem bei jeder Investitionsentscheidung: Sie betrifft die Zukunft und die ist bekanntlich unsicher. Jeder, der entscheidet, muss bestimmte Annahmen machen und kann damit falsch liegen. Es ist niemals völlig auszuschließen, dass Sie eine Fehlinvestition tätigen – auch wenn Sie Ihre Entscheidung mit einem aufwändigen Rechenverfahren abgesichert haben.

Entscheidungen unter Unsicherheit

Doch Ihr Risiko lässt sich erheblich reduzieren. Durch die Investitionsrechnung. Wenn sie Ihnen auch keine hellseherischen Fähigkeiten verleiht, so liefert sie Ihnen doch immerhin das Ergebnis, was bei Ihren Annahmen herauskommt. Ihre Entscheidung steht damit auf sicheren Füßen.

Investitionsrechnung

Die Investitionsrechnung nimmt Ihnen die Entscheidung nicht ab. Gerade bei etwas größer dimensionierten Projekten empfiehlt es sich, die Frage aus mehreren Perspektiven zu beurteilen und nicht nur zu schauen, was Sie gerade ausgerechnet haben. Im Übrigen gibt es nicht nur ein einziges, sondern eine Vielzahl von Verfahren, die Ihnen helfen sollen, eine Investition zu beurteilen. Und es ist durchaus keine Seltenheit, dass die Unternehmen vor einer Entscheidung mehrere Verfahren einsetzen.

Jede Investitionsrechnung ist also eine Entscheidungshilfe, ein Instrument. Nicht mehr und nicht weniger. Ein Instrument, das Sie dazu nutzen können, über die folgenden Fragen Aufschluss zu bekommen:

- Lohnt sich eine bestimmte Investition oder nicht?
- Ist ein bestimmtes Investitionsobjekt besser geeignet als ein anderes?
- Sollte eine Investition verschoben werden?
- Ist es günstiger, das Investitionsobjekt zu kaufen oder zu leasen?
- Ist es günstiger, ein Investitionsgut selbst zu fertigen oder zu kaufen (make-or-buy-Entscheidung)?

Interne und externe Daten

Daten über Kunden und die Konkurrenz

Für eine Investitionsentscheidung brauchen Sie eine Vielzahl von Informationen: Daten aus Ihrem Unternehmen, also interne Daten wie die Kostenstruktur, die Rentabilität und die Liquidität, aber auch Daten aus Ihrem näheren und weiteren Umfeld, externe Daten: Was macht die Konkurrenz? Wie werden sich die Kunden verhalten? Gibt es einen Preisverfall? Müssen Sie bestimmte Auflagen für den Umweltschutz erfüllen? Rechnen Sie mit anderen gesetzlichen Auflagen – oder Lockerungen (z.B. Ladenschlusszeiten)?

Natürlich haben all diese Daten mehr oder weniger starken Einfluss darauf, wie sinnvoll eine Investition ist. Das Problem ist: Sie können gar nicht alle Einflüsse berücksichtigen, die vielleicht eine Rolle spielen könnten.

Das ist im Übrigen auch gar nicht notwendig. Sie müssen vereinfachen, oftmals stark vereinfachen, um zu einer Entscheidung zu kommen. Und Sie müssen ein Verfahren wählen, bei dem der Aufwand in einem möglichst günstigen Verhältnis zum Erkenntnisgewinn steht.

Praxis-Beispiel

Ein neuer Backofen

In einer Bäckerei soll ein veralteter Backofen erneuert werden. Für diese Entscheidung ist es ausreichend, verschiedene Angebote auf ihre Leistungsfähigkeit und ihre Kosten hin zu überprüfen. Weitergehende Analysen über die Konkurrenz oder mögliche rechtliche Rahmenbedingungen wären sicherlich reine Ressourcenverschwendung. ◄

Worum geht es genau?

Obwohl es sich ja um ein Rechenverfahren handelt, ist es sehr zweckmäßig, gleich zu Anfang festzulegen, was genau entschieden werden soll. Geht es beispielsweise darum, ein geeignetes Nachfolgemodell für eine Maschine zu finden, die Sie demnächst nicht mehr nutzen wollen? Oder möchten Sie untersuchen, ob es sich lohnt, Ihr Sortiment zu erweitern, zusätzliche Waren oder Dienstleistungen anzubieten? Oder ergibt sich die Gelegenheit, von einem anderen Unternehmen einen Betriebsteil zu übernehmen? All das können Sie mit der Investitionsrechnung untersuchen, wenn Sie Ihre Fragestellung genau festlegen.

Vom Allgemeinen zum Speziellen

Bei einer weitreichenden Investitionsentscheidung sollten Sie zunächst allgemeinere Fragen klären. Zum Beispiel: Lohnt es sich überhaupt, in das betreffende Marktsegment einzusteigen? Erst wenn das geklärt ist, hat es Sinn, speziellere Fragen anzugehen. Und erst ganz am Schluss sollten Sie sich mit Details oder konkreten Angeboten auseinandersetzen.

Es ist nämlich ein häufiger Fehler, dass erst konkrete Angebote geprüft werden, eines ausgewählt wird und schließlich die ganze Sache im Sande verläuft, weil plötzlich Zweifel auftauchen, ob die Investition überhaupt sinnvoll ist. Auch das ist Ressourcenverschwendung. ◄

Die statischen Verfahren

Bei der Investitionsrechnung unterscheiden wir zwei Verfahren: Die statischen und die dynamischen. Die statischen Methoden haben den Vorteil, dass sie einfacher zu handhaben sind, besser überblickt werden können und sich der rechnerische Aufwand in Grenzen hält. Aus diesem Grund werden sie in der Praxis vor allem von kleineren und mittleren Unternehmen eingesetzt. Auch eignen sich statische Verfahren bei Investitionen von geringerer Tragweite.

einfach zu handhaben

Rechnen mit den Durchschnittswerten

Statische Verfahren kalkulieren mit Durchschnittswerten, die häufig vergangenheitsbezogen sind. Das kann ein schwerwiegender Nachteil sein, doch erlauben es diese Verfahren immerhin, dass Sie sich ohne großen Aufwand ein ungefähres Bild davon machen können, ob sich eine anstehende Investition lohnt.

Bei den statischen Verfahren unterscheiden wir folgende Methoden:

- Kostenvergleichsrechnung
- Gewinnvergleichsrechnung
- Rentabilitätsrechnung
- Amortisationsrechnung

Alle Verfahren sind ohne großen Aufwand verbunden, teilweise bauen sie aufeinander auf. Ohne weiteres können Sie alle vier Verfahren einsetzen.

Kostenvergleichsrechnung

Die Kostenvergleichsrechnung kommt vor allem dann in Frage, wenn Sie für Ersatz sorgen wollen. Ausschlaggebendes Kriterium sind die Kosten, die innerhalb eines bestimmten Zeitraums entstehen. Dabei ist es oftmals nötig, dass Sie die Stückkosten berechnen. Zum Beispiel wenn Sie Maschinen miteinander vergleichen, die unterschiedliche Kapazitäten produzieren.

Der erste Schritt: Listen Sie die Alternativen auf

Sie müssen alle Alternativen aufführen, die Sie miteinander vergleichen wollen. Haben Sie schon eine Vorauswahl getroffen? Ist es denkbar, dass Sie noch eine Zeitlang bei Ihrer bestehenden Lösung bleiben möchten? Je weniger Alternativen Sie ernsthaft in Erwägung ziehen, desto geringer ist Ihr Rechenaufwand.

Der zweite Schritt: Bestimmen Sie die Betriebskosten

Sie müssen klären, welche laufenden Kosten, also Betriebskosten, auf Sie zukommen. Dazu gehören: Kosten für das zu verarbeitende Material, für das Personal, Betriebsstoffe, Energie (Strom und Heizung), Instandhaltung und Raumkosten.

Natürlich müssen Sie nur die Kosten berücksichtigen, die sich unterscheiden. Wenn beispielsweise alle Alternativen die gleichen Raumkosten verursachen, müssen Sie diese nicht eigens aufführen. Aber Achtung: Kommt später nur eine Alternative mit höheren oder geringeren Kosten hinzu, müssen Sie diese Kategorie bei sämtlichen Alternativen erheben.

Der dritte Schritt: Bestimmen Sie die Kapitalkosten

Nun kümmern Sie sich um den Kaufpreis bzw. die Anschaffungskosten (also einschließlich aller Kaufnebenkosten). Zwar wäre es einfacher, die Anschaffungskosten direkt miteinander zu vergleichen, doch dann wäre unklar, wie Sie die Betriebskosten angemessen mit in den Vergleich einbeziehen sollten.

Stellen Sie sich vor, Sie müssten sich zwischen zwei Maschinen entscheiden: Eine mit hohen Anschaffungskosten, aber geringen Betriebskosten, die andere mit niedrigen Anschaffungskosten und hohen Betriebskosten. Da brauchen Sie so etwas wie einen gemeinsamen Nenner.

Zum Vergleichen: Gemeinsamer Nenner

Die Lösung: Sie rechnen den Anschaffungspreis um, in einen Betrag für die kalkulatorische Abschreibung und einen Betrag für die kalkulatorischen Zinsen – völlig unabhängig davon, ob Sie das Objekt gleich bezahlen oder einen Kredit aufnehmen.

Die kalkulatorische Abschreibung

Wofür brauchen Sie überhaupt die kalkulatorische Abschreibung? Wie Sie aus dem Abschreibungskapitel sicherlich noch in Erinnerung haben, verliert jedes Investitionsobjekt mit der Zeit an Wert. Diesen Wertverlust berücksichtigt die Abschreibung. Hier geht es jedoch auch darum, dass eine unterschiedliche Nutzungsdauer angemessen berücksichtigt wird. Wenn Sie zwei Fahrzeuge miteinander vergleichen, von denen Sie das eine voraussichtlich fünf Jahre nutzen werden und das andere sieben, so brauchen Sie einen Vergleichsmaß.

Dieser Vergleichsmaßstab ist die kalkulatorische Abschreibung, die mit der „realen" Abschreibung in Steuer- und Handelsbilanz nicht viel zu tun haben muss. Für die Kostenvergleichsrechnung gilt nämlich folgende Formel:

Nutzungsdauer berücksichtigen

$$\textit{Kalkulatorische Abschreibung (pro Jahr)} = \frac{\textit{Anschaffungskosten}}{\textit{Nutzungsdauer (in Jahren)}}$$

Es ist nicht zwingend erforderlich, in Jahren zu rechnen. Bei sehr kurzlebigen Investitionsgütern können Sie natürlich ebenso anstelle der Jahre Monate ansetzen. Wichtig ist dann nur, dass für Abschreibung und Nutzungsdauer die gleiche Zeiteinheit verwendet wird. Und noch etwas: Fällt am Ende der Nutzungsdauer voraussichtlich noch ein Restwert an, sollten Sie diesen von den Anschaffungskosten abziehen.

Die kalkulatorischen Zinsen

Zinsen als Kapitalkosten

Die Abschreibungen sind jedoch nicht die einzigen Kapitalkosten, die Sie berücksichtigen müssen. Für die Anschaffung müssen außerdem Zinsen berechnet werden. Denn das Kapital, das Sie in eine bestimmte Investition stecken, steht Ihnen für andere Zwecke nun nicht mehr zu Verfügung.

üblicherweise 10 %

Um diesem Umstand Rechnung zu tragen, wird ein kalkulatorischer Zins berechnet. Üblicherweise beträgt er 10 % und wird für die Hälfte der Anschaffungskosten berechnet.

$$\textit{Kalkulatorische Zinsen (pro Jahr)} = \frac{\textit{Anschaffungskosten}}{2} \cdot \frac{\textit{Kalkulationszinsfuß}}{100}$$

Der vierte Schritt: Vergleichen Sie die (Stück-)Kosten

Sie müssen vorher wissen, wie stark Sie das Objekt nutzen

Nun nähern Sie sich der Entscheidung. Sie müssen die Kosten gegeneinander aufrechnen. Die „günstigste" Alternative gewinnt. Allerdings stellt sich Ihnen gleich ein Problem: In den meisten Fällen haben Sie bei Investitionsgütern mit Anlagen zu tun, deren Kosten abhängig sind von ihrer Auslastung. Egal, ob Sie eine Fertigungsmaschine, einen Laserdrucker oder ein Fahrzeug erwerben, die günstigste Lösung können Sie erst erkennen, wenn Sie eine ungefähre Vorstellung davon haben, wie stark das betreffende Objekt genutzt wird.

Anders formuliert: Sie müssen bei den Investitionsgütern die fixen und die variablen (verbrauchsabhängigen) Kosten berücksichtigen. Die Höhe der variablen Kosten können Sie jedoch nur berechnen, wenn Sie eine bestimmte Verbrauchsmenge bzw. Auslastung annehmen.

Die Fotokopiermaschine

Erwin ist vom Erfolg seines Copy-Shops überrascht. Auch wenn es eng wird in seinem Laden – ein weiteres Gerät will er noch anschaffen. Zwei verschiedene Modelle stehen zur Auswahl: Eine Fotokopiermaschine, die 1.200 Euro kostet und bei der die variablen Kosten bei 0,04 Euro pro Kopie liegen. Und ein Modell für 750 Euro mit variablen Kosten von 0,05 Euro. Die Nutzungsdauer der ersten Maschine soll bei 6 Jahren, die Nutzungsdauer der zweiten bei 4 Jahren. Pro Jahr sollen etwa 6.000 Kopien gemacht werden.

Als erstes berechnet Erwin die Kapitalkosten: Maschine A verursacht 200 Euro pro Jahr an Abschreibungen (1.200 / 6 Jahre) plus 60 Euro an Zinsen (1.200 / 2) · (10 / 100), also 260 Euro Kapitalkosten im Jahr. Maschine B: 187,50 Euro Abschreibungskosten (750 / 4) und 37,50 Euro an Zinsen, zusammen 225 Euro. Die übrigen Fixkosten sind für beide Modelle gleich, weswegen Erwin sie nicht berechnen muss.

Die variablen Kosten bei 6.000 Kopien: Bei Maschine A belaufen sie sich auf 240 Euro (6.000 · 0,04), bei Maschine B auf 300 Euro.

Im Vergleich kostet Maschine A 500 Euro, Maschine B 525 Euro. Fotokopiermaschine A ist also günstiger. ◀

Zu diesem Beispiel zwei Erläuterungen: Sie können die Kosten auch als Stückkosten berechnen, also die Kapitalkosten auf jede Kopie verteilen (und die restlichen Fixkosten unter den Tisch fallen lassen, wenn sie bei beiden Modellen identisch sind). Das Ergebnis bleibt gleich. Bei Maschine A kostet die Kopie 0,083 Euro, bei Maschine B sind es 0,0875 Euro. Die „Kehrseite" der Stückkostenrechnung: Werden sehr hohe Stückzahlen produziert, dann erscheint eine beträchtliche Kostendifferenz vielleicht nur als dritte Stelle hinterm Komma und vernachlässigenswert. In welchen Dimensionen sich die Rechnung abspielt, das erkennen Sie erst, wenn Sie die Gesamtkosten berücksichtigen.

Sückkosten oder Gesamtkosten?

Der „kritische Wert"

Bleiben wir noch bei unserem Beispiel: Werden nur halb so viele Kopien gemacht, dann schneidet Maschine B etwas besser ab, sie kostet im Jahr 375

Euro, während Maschine A 380 Euro an Kosten verursacht. Solche Fälle sind häufig: Bei unterschiedlicher Auslastung gibt es jeweils eine andere „beste Lösung".

Vergleich von zwei Investitionsgütern:
Im direkten Vergleich von zwei Investitionsgütern können Sie den so genannten „kritischen Wert" bestimmen, der Ihnen darüber Auskunft gibt, bei welcher Auslastung die Stückkosten gleich sind. Liegt die Auslastung über dem „kritischen Wert", ist Alternative A günstiger. Bleibt sie darunter, sollte Alternative B bevorzugt werden.

Der kritische Wert

$$Kritischer\ Wert = \frac{Fixkosten\ von\ A - Fixkosten\ von\ B}{Variable\ Stückkosten\ von\ B - variable\ Stückkosten\ von\ A}$$

Alternative A ist immer die Lösung mit den höheren Fixkosten. Bezogen auf unser Beispiel, ergibt sich folgender Wert: (260 – 225) / (0,05 – 0,04) = 35 / 0,01 = 3.500. Werden also mehr als 3.500 Fotokopien pro Jahr gemacht, ist Maschine A günstiger – sind es weniger, Maschine B.

Gewinnvergleichsrechnung

Manche Investitionsgüter können Sie angemessener beurteilen, wenn Sie nicht nur die Kosten betrachten, sondern auch die Erträge. Bei einer Fotokopiermaschine, die für den internen Gebrauch eingesetzt wird, ist dies eher nicht der Fall. Doch wenn wir annehmen, ein Kopierladen müsste eine solche Entscheidung fällen, dann wäre die Gewinnvergleichsrechnung wohl geeigneter, die nötigen Informationen zu liefern.

So könnte sich herausstellen, dass beide Alternativen nicht in Frage kommen, weil die zu erwartenden Erträge unter den Kosten liegen. Oder es zeigt sich, dass die teurere Lösung höhere Gewinne erwirtschaftet und daher die bessere Alternative ist.

Stellen Sie Kosten und Erträge gegenüber

Gewinn als zusätzliche Stufe bei der Kalkulation
Bei der Gewinnvergleichsrechnung erweitern Sie die Kostenvergleichsrechnung nur um eine zusätzliche Stufe: Sie errechnen, welchen Ertrag Sie aus der Nutzung des Investitionsguts ziehen werden. Dabei können Sie Preisstaffelungen berücksichtigen, zum Beispiel wenn Sie Rabatte einräumen

müssen, um einen höheren Absatz zu erzielen. Oder wenn Sie für ein höherwertiges Produkt auch einen höheren Preis erzielen können.

Erträge, welche Erträge?

Natürlich wissen Sie nicht, welche Erträge Sie mit Ihrer Investition erzielen werden. Das müssen Sie schätzen. Und zwar den Durchschnittwert während der gesamten Dauer der Nutzung. Das klingt zunächst vielleicht etwas abstrakt, doch ist es durchaus vorstellbar, dass bei manchen Investitionen die Erträge in den ersten Jahren noch niedriger sind, das Geschäft sozusagen erst in Schwung kommen muss.

Umgekehrt ist es ebenfalls möglich, dass die Erträge im Laufe der Zeit abnehmen. Stellen Sie sich vor, ein Spielhallenbesitzer stellt ein Gerät auf, das wegen seiner spektakulären technischen Effekte viele Spieler anlockt. Doch nach einigen Monaten ist der Reiz des Neuen verschwunden, es gibt neue ausgereiftere Geräte. Der Umsatz geht zurück.

Abnehmende oder zunehmende Erträge?

Natürlich schlagen alle Erträge zu Buche, egal, ob sie zunächst hoch oder niedrig sind. Um sie angemessen zu berücksichtigen, müssen Sie mit dem durchschnittlichen Jahresertrag rechnen.

$$\text{Durchschnittlicher Jahresertrag} = \frac{\text{Geschätzter Gesamtumsatz bzgl. Nutzungsdauer}}{\text{Anzahl der Nutzungsjahre}}$$

Gewinnvergleichsrechnung im Copy-Shop

Nehmen wir an, die Fotokopiermaschine (→ S. 167) soll für einen Copy-Shop angeschafft werden. Als drittes Modell kommt noch Maschine C ins Spiel. Anschaffungskosten 3.000 Euro, Nutzungsdauer 8 Jahre. Variable Kosten: 0,018 Euro pro Kopie. Maschine C hat eine wesentlich höhere Kapazität; mit ihr können 50.000 Kopien im Jahr gemacht werden.

Die Kapitalkosten für Maschine C betragen 525 Euro im Jahr (375 + 150). Bei kalkulierten 6.000 Kopien würden sich die Kosten auf 585 Euro summieren, damit wäre Maschine C die teuerste Lösung.

Doch mit Maschine C können ja wesentlich höhere Stückzahlen produziert werden. Der Copy-Shop-Besitzer kalkuliert mit 30.000 Kopien. Die kann er jedoch nur absetzen durch zusätzlichen Werbeaufwand (= höhere Fixkosten) und einen niedrigeren Verkaufspreis (= geringerer Erlös pro Stück). Während für die beiden anderen Maschinen ein Preis von 0,10 Euro pro Kopie möglich scheint, soll die hohe Stückzahl durch einen Preis von 0,05 Euro erzielt werden. Kosten der zusätzlichen Werbemaßnahmen: Insgesamt 2.000 Euro (zu verteilen auf 8 Jahre, also 250 Euro).

Gewinn-
vergleichsrech-
nung mit
unterschiedlichen
Verkaufspreisen

	Kopierer A	Kopierer B	Kopierer C
Kapitalkosten	260 Euro	225 Euro	525 Euro
Variable Kosten	240 Euro	300 Euro	540 Euro
Zusätzliche Fixkosten	0 Euro	0 Euro	250 Euro
Gesamtkosten	500 Euro	525 Euro	1.315 Euro
Absatz	6.000 Stück	6.000 Stück	30.000 Stück
Ertrag	600 Euro	600 Euro	1.500 Euro
Ertrag pro Stück	0,10 Euro	0,10 Euro	0,05 Euro
Gewinn	**100 Euro**	**75 Euro**	**185 Euro**
Gewinn pro Stück	0,0167 Euro	0,0125 Euro	0,0062 Euro

Trotz der höchsten Gesamtkosten, des geringsten Stückertrags und des geringsten Gewinns pro Stück sorgt Kopierer C deutlich für den höchsten Gewinn. Mit den anderen beiden Geräten lassen sich eben nur niedrigere Stückzahlen absetzen. Beachten Sie weiterhin: Die variablen Kosten von Gerät C beziehen sich natürlich auf den Absatz von 30.000 Kopien. Die variablen Stückkosten liegen weit unter denen der beiden anderen Geräte.   ◄

Rentabilitätsrechnung

Komplettiert werden die „statischen Verfahren" durch die Berechnung der Amortisationszeit und, wichtiger noch, der Rentabilität. Im Kapitel über die Kennzahlen haben Sie bereits verschiedene Verfahren kennen gelernt, die Rentabilität zu messen (→ S. 101). Im Rahmen der Investitionsrechnung geht es darum, dass Sie den *erwarteten Gewinn* in Beziehung setzen zum durchschnittlich gebundenen Kapital.

$$Investitionsrendite = \frac{durchschnittlich\ erwarteter\ Jahresgewinn}{durchschnittlich\ gebundenes\ Kapital} \cdot 100$$

Erst dann wird nämlich ersichtlich, wie lohnend eine Investition wirklich ist. Das können Sie nämlich an der Höhe des Gewinns allein nicht ablesen. Bezogen auf unser Beispiel heißt das: Wenn Kopierer C den höchsten Gewinn erwirtschaftet, aber in der Rendite hinter Kopierer A zurückbleibt, wäre Gerät A die bessere Alternative.

Es kommt nämlich darauf an, was mit dem eingesetzten Kapital geschieht, wie hoch es sozusagen „verzinst" wird. Ein Sparbuch, in das Sie tausend Mark einzahlen und hundert Mark Zinsen erhalten, ist natürlich rentabler als eines, in das Sie zehntausend Mark einzahlen und zweihundert Mark Zinsen bekommen. Sie haben dann nämlich noch neuntausend Mark, die Sie anderweitig investieren können. Zum Beispiel in ähnlich rentable Sparbücher.

Was ist das durchschnittlich gebundene Kapital?

Bei der Berechnung der Rendite dürfen Sie nicht den Fehler begehen und das gesamte eingesetzte Kapital auf einen Schlag geltend machen und gegen den Jahresgewinn aufrechnen. In manchen Lehrbüchern wird dies zwar durchaus so gesehen, das ändert nichts daran, dass dieses Vorgehen ein falsches Ergebnis liefert.

Nicht das gesamte investierte Kapital ansetzen ...

Vielmehr müssen Sie das durchschnittlich gebundene Kapital ansetzen. Im Laufe der Nutzung wird das Kapital ja bekanntlich nach und nach abgeschrieben. Es ist also immer weniger Kapital gebunden, ganz am Ende nur noch der Restwert oder sogar überhaupt nichts mehr. Sie müssen also für jedes Jahr das gebundene Kapital berechnen, alle Beträge zusammenaddieren und den Betrag durch die Anzahl der Nutzungsjahre addieren. Das ist ein etwas umständliches, aber sicheres Verfahren.

... sondern das durchschnittlich gebundene

Es geht jedoch auch einfacher. Da Sie linear immer den gleichen Betrag abschreiben, brauchen Sie nur den Durchschnitt von zwei Werten berechnen: Vom Anfangskapital und vom Kapital, das im letzten Jahr gebunden ist, nennen wir es „Endkapital". Dieses Endkapital können Sie leicht berechnen: Es entspricht dem Abschreibungsbetrag plus Restwert. Die vereinfachte Formel heißt:

$$Durchschnittlich\ gebundenes\ Kapital = \frac{Anfangskapital + Endkapital}{2}$$

Nur zur Klarstellung: Diese Formel gilt völlig unabhängig von der Nutzungsdauer. Auch wenn Sie über 50 Jahre abschreiben, müssen Sie nur den Durchschnitt dieser beiden Werte berechnen.

Wie Sie die Rendite *nicht* berechnen sollten

Eigentlich liegt es doch nahe, die Rendite danach zu berechnen, wie viel Kapital Sie *eingesetzt*, also anfangs *investiert* haben. Wenn Sie ein Sparbuch eröffnen, möchten Sie ja auch wissen, wie viel aus dem Geld geworden ist, das Sie eingezahlt haben. Was Sie an Zinsen bekommen, das beziehen Sie immer auf den Anlagebetrag.

Die Abschrei-bung ist schon zurückgeflossen

Bei den Investitionsgütern ist das im Prinzip genauso wie beim Sparbuch – nur ist es schwerer zu durchschauen. Was Sie als Gewinn ausweisen, das ist nämlich nicht nur der reine Zinsertrag, Sie haben vielmehr bereits die Kapitalkosten (Abschreibung + Zinsen) davon abgerechnet. Das ist ungefähr so, als würden Sie bei Ihrem Sparbuch nicht nur die Zinsen gutgeschrieben bekommen, sondern einen Teil Ihres eingesetzten Kapitals vorzeitig zurückerhalten.

In so einem Fall würden Sie Ihre Rendite ja auch nicht danach berechnen, wie viel Sie ursprünglich eingezahlt haben, sondern danach, wie viel sich durchschnittlich auf Ihrem Sparbuch befunden hat.

Der rentabelste Kopierer

Um die Rendite der drei Geräte zu berechnen, ermitteln wir zunächst das durchschnittlich gebundene Kapital. Bei Kopierer A sind das 700 Euro ((1.200 + 200) / 2), bei Kopierer B 468,75 Euro ((750 + 187,50) / 2) und bei Kopierer C 1687,50 Euro ((3.000 + 375) / 2).

Voraussichtliche Rendite

	Kopierer A	Kopierer B	Kopierer C
Ø Jahresgewinn	100 Euro	75 Euro	185 Euro
Ø geb. Kapital	700 Euro	468,75 Euro	1.687,50 Euro
Rendite	14,28 %	16 %	10,96 %

Die Rangfolge hat sich abermals umgekehrt. Kopierer B erwirtschaftet die höchste Rendite, während Kopierer C mit knapp 11 % den magersten Wert erreicht. Im Vergleich zu den beiden anderen bindet er zu viel Kapital. ◀

Die Amortisationszeit

Alle Investitionen sind mit einer mehr oder minder großen Unsicherheit behaftet. Die Vorhersagbarkeit einer bestimmten Rendite nimmt ab, je weiter sich das Geschehen in die Zukunft verlagert. Verständlich, dass Investoren daran gelegen ist, möglichst schnell „auf die sichere Seite" zu kommen. Also ihr eingesetztes Kapital möglichst rasch wieder herauszubekommen und dann „nur noch" zu verdienen.

Möglichst schnell auf die sichere Seite

Die Phase, in der das eingesetzte Kapital noch nicht vollständig „zurückgeflossen" ist, nennt man Amortisationszeit. Und es ist ein unbestreitbarer Vorteil, wenn dieser Zeitraum möglichst kurz ist.

Um die Amortisationszeit zu berechnen, müssen wir vom eingesetzten Kapital ausgehen, in vielen Fällen sind das die Anschaffungskosten. Der zweite relevante Wert ist der durchschnittliche „Rückfluss". Was aber fließt eigentlich an den Investor zurück? Der Gewinn plus die kalkulierte (also lineare) Abschreibung.

Kapital und Rückfluss

Wieso die Abschreibung? Wie erinnerlich bezeichnet die Abschreibung eigentlich einen Wertverlust, dieser Wertverlust wird jedoch als Ausgabe geltend gemacht, mindert also den Gewinn. Wenn also noch Gewinn übrig bleibt, so ist die Abschreibung, der Wertverlust schon darin enthalten. So gesehen „fließt" dem Investor also jedes Mal der Abschreibungsbetrag zu. Die Formel lautet deshalb:

$$Amortisationszeit = \frac{Kapitaleinsatz}{Gewinn + kalkulatorische\ Abschreibung}$$

Bei der Beurteilung der Amortisationszeit kommt es darauf an, wie langfristig eine Vorhersage möglich erscheint. In sehr innovativen Branchen sollte auf eine möglichst kurze Amortisationszeit geachtet werden. Denn die Wahrscheinlichkeit ist groß, dass die innovativen Produkte von heute morgen bereits hoffnungslos veraltet sind und kaum noch Abnehmer finden.

Wie schnell amortisieren sich die Kopierer?

Praxis-Beispiel

Im Vergleich der drei Kopiergeräte ergeben sich die folgenden Amortisationszeiten:

$$\text{Kopierer A: } \frac{1.200 \text{ Euro Kapitaleinsatz}}{100 + 300 \text{ Euro Rückfluss}} = 3,0 \text{ Jahre.}$$

$$\text{Kopierer B: } \frac{750 \text{ Euro Kapitaleinsatz}}{75 + 187,50 \text{ Euro Rückfluss}} = 2,86 \text{ Jahre.}$$

$$\text{Kopierer C: } \frac{3.000 \text{ Euro Kapitaleinsatz}}{185 + 375 \text{ Euro Rückfluss}} = 5,36 \text{ Jahre.}$$

Kopierer C schneidet also klar am ungünstigsten ab.

Wie sollen Sie entscheiden?

Zuletzt müssen Sie eine Entscheidung treffen. Auf den ersten Blick scheint alles klar zu sein. Die Lösung mit der höchsten Rendite sollte gewählt werden. Doch ist das nicht zwingend die beste Entscheidung. Vielmehr kommt es darauf an, dass Sie nicht nur wissen, wie die Zahlen richtig berechnet werden, sondern auch was sie bedeuten.

Verschiedene Größenordnungen

Was bedeuten die Zahlen?

Bei unserem Beispiel mit den Kopierern spricht die entscheidende Zahl, nämlich die Rendite, für Lösung B. Und Lösung C erscheint als die ungünstigste Alternative. Doch gibt es einen kleinen Haken bei der Sache: Lösung B und Lösung C spielen sich in unterschiedlichen Größenordnungen ab. Mit Kopierer B erwirtschaften Sie zwar eine höhere Rendite, doch können Sie nur geringe Stückzahlen absetzen. Sie erinnern sich: Für Kopierer A und B haben Sie einen Preis von 0,10 Euro pro Kopie einkalkuliert, für Kopierer C gerade mal die Hälfte.

Große Lösung, kleine Lösung

andere Dimension

Bei Kopierer A und B sind geringe Umsätze vorprogrammiert. Anders bei Kopierer C. Mit dem fünffachen Umsatz stoßen Sie gewissermaßen in eine andere Dimension vor. Sie können sich das in etwa so vorstellen wie zwei Sparbücher: Das eine bringt 16 % Zinsen, das andere 11 %, doch in das erste haben Sie nur 100 Mark eingezahlt, in das zweite 500 Mark.

Das bedeutet keineswegs, dass Kopierer C nun doch die beste Lösung wäre. Vielmehr müssen Sie in so einem Fall abwägen, was Sie bevorzugen: Die kleine „defensive" Lösung oder die große „offensive" Variante. Denken Sie auch daran, dass Kopierer C die längste Amortisationszeit hat, also hier die größte Unsicherheit besteht.

Die dynamischen Verfahren

Alle statischen Verfahren haben einen Nachteil: Es wird mit Durchschnittswerten gerechnet. Es wird also alles zusammengerechnet und dann durch die Anzahl der Nutzungsperioden (in der Regel: Geschäftsjahre) geteilt. Es wird nicht danach unterschieden, wann eine bestimmte Zahlung zu leisten ist und wann die Erträge eingehen.

Wann gehen die Erträge ein?

Das ist jedoch eine ganz wesentliche Information, die durch die so genannten „dynamischen" Verfahren erfasst werden soll. Einnahmen und Ausgaben werden danach bewertet, wann sie anfallen. Je früher das der Fall ist, um so höher werden sie bewertet.

Ein fester zeitlicher Bezugspunkt

Um die Einnahmen und Ausgaben in ihren „Zeitwert" umzurechnen, brauchen wir eine feste Bezugsgröße, einen Stichtag, auf den hin alle Beträge auf- oder abgezinst werden. Dieser Bezugspunkt ist der Beginn der Investition, das heißt, Sie rechnen von dem Zeitpunkt an, an dem Sie über Ihr Investitionsgut verfügen.

Rechnen Sie vom Beginn der Investition

Der Barwert

Alle Zahlungen, die im Zusammenhang mit der Investition stehen, werden umgerechnet in einen kalkulatorischen Zeitwert, den so genannten Barwert. Sie rechnen also nicht mit den Beträgen, die tatsächlich auf Ihr Konto eingehen oder von dort abfließen, sondern mit rein rechnerischen Größen.

Praxis-Beispiel

Wie viel sind 100 Euro in drei Jahren?

Wenn Sie in drei Jahren 100 Euro erhalten, können Sie diesem Betrag einen bestimmten Barwert zumessen, beispielsweise 75,13 Euro. Das heißt, die 100

Euro, die Sie in drei Jahren erhalten, haben den gleichen Wert wie 75,13 Euro, die Sie sofort, „in bar" bekommen würden. Real bekommen Sie natürlich die 100 Euro gutgeschrieben. Aber erst in drei Jahren.   ◄

Aufzinsen oder abzinsen?

Nennwert zu Barwert

Die Umrechnung vom „realen" Nennwert in den Barwert geschieht durch Auf- oder Abzinsen. Beim Aufzinsen wird ein bestimmter Betrag hinzugerechnet, beim Abzinsen wird er abgezogen. Wie viel das ist, richtet sich nach dem Kalkulationszinssatz und nach der Zeit, die zwischen der Zahlung und der Investition liegt.

* *Aufgezinst* werden alle Beträge, die *vor* der Investition anfallen. In aller Regel sind das Vorauszahlungen, die Sie zu leisten haben. Dass vor der Investition bereits Erträge eingehen, dürfte eine rare Ausnahme sein. Aber auch die müssten aufgezinst werden.
* *Abgezinst* werden alle Einnahmen und Ausgaben, die *nach* der Investition entstehen. Und das ist die überwältigende Mehrzahl. In vielen Fällen werden Sie ausschließlich mit abgezinsten Beträgen rechnen.

Der Kalkulationszinssatz

Wie rentabel eine Investition erscheint, das ist zu einem erheblichen Anteil abhängig von der Höhe des Kalkulationszinssatzes. Wählen Sie einen hohen Zinssatz, steigen die Anforderungen an die Investition. Bei einem niedrigen Zins hingegen erscheinen auch Investitionen mit geringerer Rendite noch passabel.

Wie finden Sie den Kalkulationszinssatz?

Kapitalmarktzins plus Risikozuschlag

Um einem Missverständnis entgegenzuwirken: Der Kalkulationszinssatz hat nichts mit der Inflationsrate zu tun. Er soll vielmehr einen Vergleich schaffen zu anderen Formen der Kapitalanlage. Als Investor könnten Sie ja Ihr Geld auch in Schatzbriefen oder Anleihen anlegen, würden einen festen Zins kassieren und müssten nicht das Risiko eingehen, dass Ihre Investition sich als Fehlinvestition erweisen könnte.

Also ist der Kalkulationszinssatz bis zu einem gewissen Grade abhängig vom (langfristigen) Kapitalmarktzins. Sie rechnen einen gewissen Risikoaufschlag hinzu, einen Wert um 2 bis 3 Prozentpunkte, und haben einen realistischen Zinssatz. Oder Sie übernehmen gleich eine bewährte Konvention.

Halten Sie sich einfach an den 10 %-Standard

In der Praxis wird oftmals mit einem Zinsfuß von 10 % gerechnet – unabhängig vom aktuellen Kapitalmarktzins. Die 10 % stellen so etwas wie eine Mindestverzinsung dar, die das investierte Kapital erreichen soll. Weil es geradezu Standard ist, mit den 10 % zu rechnen, spricht einiges dafür, dieser Konvention zu folgen. Denn so können Sie Investitionen besser miteinander vergleichen. Außerdem überzeugen Sie Ihre Kapitalgeber, wenn Sie sich an solche Standards halten.   ◄

Die Kapitalwertmethode

Mit der Kapitalwertmethode (manchmal auch „Barwertmethode" genannt) setzen Sie das eben Gesagte in die Tat um. Das heißt, Sie müssen alle Einnahmen und Ausgaben auflisten – und in ihren Barwert übersetzen, das heißt im Wesentlichen, Sie müssen die Beträge „abzinsen". *Keine „harten" Zahlen sondern ungefähr erwartete Beträge*

Theoretisch müssten Sie jede Zahlung einzeln abrechnen, denn es ist natürlich ein Unterschied, ob Sie Anfang Januar einen Betrag einnehmen oder Ende November. Doch so weit geht der Perfektionismus nun auch wieder nicht.

Jedes Nutzungsjahr wird einzeln abgerechnet

Nicht jede Zahlung wird also abgezinst, sondern alle Einnahmen und Ausgaben werden jahresweise zusammengefasst, gegeneinander aufgerechnet und das Jahresergebnis wird dann abgezinst – so als wäre es auf einen Schlag am Jahresende eingegangen.

Eine neue Espressomaschine

Im Café Roma soll eine neue Espressomaschine für 4.000 Euro angeschafft werden. Nutzungsdauer: 4 Jahre, dann soll sie für 1.500 Euro weiterverkauft werden. Einnahmen und Ausgaben werden folgendermaßen kalkuliert:

Einnahmen
und Ausgaben

	Erstes Jahr	Zweites Jahr	Drittes Jahr	Viertes Jahr
Einnahmen	400 Euro	1.800 Euro	2.100 Euro	1.500 Euro
Ausgaben	900 Euro	600 Euro	200 Euro	500 Euro
Ergebnis	– 500 Euro	1.200 Euro	1.900 Euro	1.000 Euro

Aus den vier Jahren ergibt sich ein „Überschuss" von 1.100 Euro. Nach der statischen Methode kommen wir unter Berücksichtigung von Abschreibungen und Zinsen auf eine außerordentlich hohe Rendite – wenn Sie das nachrechnen wollen.   ◄

Abschreibungen dürfen nicht berücksichtigt werden!

Bei der Kapitalwertmethode dürfen Sie *nicht* wie bei den statischen Verfahren die Abschreibungen miteinbeziehen. Sie sind nämlich bereits in den Anschaffungsausgaben enthalten und würden sonst doppelt berechnet. Ebenso wenig dürfen Sie die kalkulatorischen Zinsen der statischen Verfahren verwenden. Denn alle Zinsen sind durch den Kalkulationszinsfuß erfasst.   ◄

Wie wird abgezinst? Wie wird aufgezinst?

Barwert

Um den Barwert zu erhalten, müssen Sie jeden Betrag mit seinem speziellen Abzinsungs- oder Aufzinsungsfaktor multiplizieren. Doch wie finden Sie diesen Faktor? Der bequemste Weg: Nutzen Sie den Rechner auf der CD-ROM. Der zweitbequemste Weg: Sie benutzen eine „Abzinsungstabelle". Der drittbequemste Weg: Sie rechnen den Faktor selbst aus.

Den Aufzinsungsfaktor können Sie relativ leicht bestimmen. Seine Formel entspricht genau der Zinseszins-Formel (→ S. 58). Noch einmal zur Erinnerung: Der Exponent n entspricht der Anzahl der Jahre.

Aufzinsungs-
faktor

$$Aufzinsungsfaktor = \left(1 + \frac{Kalkulationszinssatz}{100} \right)^{n}$$

Wenn Sie also zwei Jahre vor der Investition eine Vorauszahlung in Höhe von 10.000 Euro geleistet haben, rechnen Sie bei einem Kalkulationszinssatz von 10 %: $(1 + 0{,}1)^2 = 1{,}21$. Diesen Faktor müssen Sie mit dem Betrag der Vorauszahlung multiplizieren. Ihr Barwert beträgt also 12.100 Euro.

Wenn Sie den Aufzinsungsfaktor berechnen können, dann dürfte Ihnen auch der Abzinsungsfaktor keine unüberwindlichen Schwierigkeiten bereiten. Es handelt sich nämlich um den Kehrwert des Aufzinsungsfaktors. Doch was war noch gleich der Kehrwert? Sie erhalten den Kehrwert von x, indem Sie 1 durch x dividieren. Entsprechend gilt für den Abzinsungsfaktor folgende Formel:

$$Abzinsungsfaktor = \frac{1}{Aufzinsungsfaktor}$$

Nun ist natürlich nicht immer der Aufzinsungsfaktor bekannt. Dann bleibt Ihnen nichts anderes übrig, als ihn auszurechnen. Die ausführliche Formel lautet deshalb:

$$Abzinsungsfaktor = \frac{1}{\left(1 + \frac{Kalkulationszinssatz}{100}\right)^n}$$

Der Abzinsungs-faktor

Wenn Sie also zwei Jahre nach der Investition noch eine Nachzahlung in Höhe von 10.000 Euro zu leisten haben, so können Sie entsprechend in die Formel einsetzen: 1 / 1,21 = 0,8264. Der Barwert der Nachzahlung beträgt demnach 8.264 Euro.

Lohnt sich die Investition?

Um zu beurteilen, ob sich die Investition tatsächlich rentiert, ziehen Sie die gesamte Nutzungsdauer heran (natürlich auch etwaige Vorauszahlungen) und zwar betrachten Sie wie erwähnt zunächst jedes Jahr einzeln. Die Ausgaben ziehen Sie von den Einnahmen ab. Das Ergebnis eines jeden Jahres multiplizieren Sie mit dem entsprechenden Abzinsungsfaktor – gleichgültig, ob es positiv oder negativ ist. Sie erhalten dann für jedes Nutzungsjahr einen Barwert.

Im nächsten Schritt rechnen Sie alle Barwerte zusammen. Davon ziehen Sie das Kapital ab, das Sie investiert haben. Das Ergebnis ist der Kapitalwert. Ist er größer oder gleich Null, dann rentiert sich die Investition.

Der Kapitalwert einer Espressomaschine

Praxis-Beispiel

Für die Espressomaschine von Seite 177 haben wir bereits den Gewinn/Verlust für jedes Nutzungsjahr berechnet. Wir müssen jedes Ergebnis nur noch mit seinem Abzinsungsfaktor multiplizieren, wobei wir erneut den Kalkulationszinsfuß von 10 % ansetzen.

Barwert der
Investition

	Erstes Jahr	Zweites Jahr	Drittes Jahr	Viertes Jahr
Ergebnis	- 500 Euro	1.200 Euro	1.900 Euro	1.000 Euro
Abzinsfaktor	0,9091	0,8264	0,7513	0,683
Barwert	- 454,55 Euro	991,68 Euro	1427,47 Euro	683 Euro

Die Summe aller Barwerte beträgt 2.647,60 Euro. Außerdem ist der Verkaufserlös in Höhe von 1.500 Euro hinzuzurechnen, das heißt vielmehr: sein Barwert. Rechnen wir die Bezahlung noch in das vierte Jahr hinein, beträgt der Barwert 1.024,50 Euro. Die Summe aller Barwerte ist demnach 3.672,10 Euro. Ziehen wir das investierte Kapital von 4.000 Euro ab, bleibt ein Fehlbetrag von 327,90 Euro übrig. Der Kapitalwert ist negativ. Von der Investition wäre also Abstand zu nehmen.   ◄

Was folgt aus dem Ergebnis?

Wie bei den statischen Verfahren so gibt auch das Ergebnis der Kapitalwertmethode nur einen Anhaltspunkt. Vielleicht geben Sie sich ja mit einem niedrigeren Kalkulationszinssatz zufrieden – gerade in Zeiten, in denen auch Kapitalzinsen eher niedrig sind.

Je zukünftiger,
desto unsicherer

Dennoch sollten Sie nicht darüber hinwegsehen, dass die dynamische Kapitalwertmethode den Vorzug hat, weit in der Zukunft liegende Gewinne abschmelzen zu lassen. Damit trägt sie dem Umstand Rechnung, dass solche Gewinne mit der größten Unsicherheit verbunden sind. Es ist also keineswegs unvernünftig, die Investitionen zu bevorzugen, bei denen die Gewinne nicht so lange auf sich warten lassen.

Gleiche Zahlen, andere Reihenfolge

Was eine dynamische von einer statischen Berechnung unterscheidet, das können Sie sich am besten klarmachen, wenn Sie bei unserem Beispiel die angenommene Entwicklung einmal umdrehen. Also der Verlust von 500 Euro tritt nicht im ersten, sondern erst im vierten Jahr ein und der Gewinn von 1.900 Euro erfolgt nicht erst im dritten, sondern im zweiten Jahr.

Die statische Betrachtung kommt zu ein und demselben Ergebnis, denn wie erinnerlich werden ja Durchschnittswerte gebildet, bei denen die zeitliche Abfolge keine Rolle spielt. Doch wie sieht es bei der dynamischen Kapitalwertmethode aus?

Die umgekehrte Entwicklung der Espressomaschine

Nehmen wir an, die Entwicklung wird zwar mit den gleichen Zahlen, jedoch in umgekehrter Abfolge prognostiziert. Der Einfachheit halber rechnen wir den Verkaufserlös, der im vierten Jahr anfällt, gleich mit ein. Der Verlust von 500 Euro erscheint in diesem Feld also als Plus von 1.000 Euro (– 500 + 1.500).

	Erstes Jahr	Zweites Jahr	Drittes Jahr	Viertes Jahr
Ergebnis	1.000 Euro	1.900 Euro	1.200 Euro	1.000 Euro
Abzinsfaktor	0,9091	0,8264	0,7513	0,683
Barwert	909,10 Euro	1.570,16 Euro	901,56 Euro	683 Euro

Barwert der Investition

Ergibt zusammen einen Barwert in Höhe von 4.063,82 Euro. Minus 4.000 Euro eingesetztes Kapital, so bleibt noch ein Kapitalwert von 63,82 Euro übrig. Die Investition lohnt sich also. ◀

Der interne Zinsfuß

Es gibt ein zweites dynamisches Verfahren, bei dem Sie gar nicht erst in Verlegenheit kommen, einen zu hohen oder zu niedrigen Kalkulationszinssatz festzulegen: Die so genannte „interne Zinsfuß"-Methode.

Dabei drehen Sie die Methode sozusagen vom kapitalen Kopf auf den Zinsfuß. Sie suchen nicht länger den Kapitalwert bei einem vorgegebenen Zinsfuß, sondern vielmehr den Zinsfuß beim Kapitalwert von Null. Das Ergebnis ist also die effektive Verzinsung Ihrer Investition.

So weit, so einleuchtend. Allerdings hat die „interne Zinsfuß"-Methode einen gravierenden Nachteil: Sie müssen sich nämlich mit einem umständlichen Näherungsverfahren behelfen. Überspitzt formuliert: Sie müssen so lange mit der Kapitalwertmethode herumprobieren, bis der Wert Null herauskommt.

Umständliches Näherungsverfahren

Wie können Sie vorgehen?

Sofern Sie sich nicht per Computerprogramm dem internen Zinssatz nähern, sondern die Angelegenheit gewissermaßen „händisch" bewerkstelligen wollen, bleibt Ihnen im Rahmen des Kaufmännischen Rechnens keine andere Möglichkeit als verschiedene Zinssätze näherungsweise auszuprobieren.

Der interne Zinsfuß der Espressomaschine

Wir haben es mit vier verschiedenen Barwerten zu tun, die mit ihrem jeweiligen Abzinsungsfaktor multipliziert werden müssen. Kalkulieren wir versuchsweise mit dem Zinssatz 7 % ergeben sich die folgenden Werte:

Barwert der Investition bei 7 %

	Erstes Jahr	Zweites Jahr	Drittes Jahr	Viertes Jahr
Ergebnis	- 500	1.200	1.900	2.500 (inkl. Erlös)
Abzinsfaktor	0,9346	0,8734	0,8163	0,7629
Barwert	- 467,29	1.048.08	1.550,97	1.907,25

Alle Barwerte zusammen ergeben die Summe 4.039,01 Euro. Abzüglich 4.000 Euro eingesetztes Kapital ist der Kapitalwert 39,01 Euro. Wir sind also schon recht nahe dran.

Zweiter Näherungsversuch: 7,3 %.

Barwert der Investition bei 7,3 %

	Erstes Jahr	Zweites Jahr	Drittes Jahr	Viertes Jahr
Ergebnis	- 500	1.200	1.900	2.500 (inkl. Erlös)
Abzinsfaktor	0,932	0,8686	0,8095	0,7544
Barwert	- 465,98	1.042,30	1.537,96	1.885,94

Die Barwerte summieren sich auf einen Betrag von 4.000,22 Euro. Abzüglich 4.000 Euro Kapitaleinsatz bleiben nur noch 0,22 Euro übrig. Es ergibt sich ein interner Zinsfuß von 7,3 %. Anders gesagt: Wenn Sie mit einer Effektivverzinsung von 7,3 % zufrieden sind, sollten Sie investieren.   ◀

Dynamische Investition

Dynamische Investitionsrechnung in der Praxis

Wenn Sie einen Investitionsplan aufstellen, dann können Sie in den seltensten Fällen solche unregelmäßigen Schwankungen prognostizieren, wie wir es in unserem Beispiel getan haben. Vielmehr geht es darum, vorhersehbare Kosten zu berücksichtigen (beispielsweise ansteigende Reparaturkosten) und im Übrigen die Gewinne eher zurückhaltend zu kalkulieren. Was Sie aber auch jeden Fall tun können, wenn die Investition läuft: Kalkulieren Sie genau nach, ob Ihre Annahmen richtig waren und wie viel Sie in den kommenden Jahren noch erwirtschaften müssen, um Ihre Zielvorgabe zu erreichen.

Leasing oder Kauf?

Nicht jedes Investitionsgut müssen Sie erwerben. Sie können es auch mieten oder, wie man in diesem Zusammenhang sagt: sie können es „leasen". Der Vorteil: Ihr Kapitalbedarf ist geringer. Das Unternehmen bleibt liquide. Sie müssen kein Fremdkapital aufnehmen, um das Investitionsgut zu erwerben; sie „leasen" es ja nur. Das Objekt taucht auch nicht in Ihrer Bilanz auf, denn es gehört ja nicht Ihnen, sondern dem „Leasinggeber".

geringerer Kapitalbedarf

Wie hoch sind die Leasingraten?

Die Kehrseite dieser zweckmäßigen Einrichtung: Die Höhe der Leasingraten. Sie liegen meist ein gutes Stück über den Abschreibungsraten und summieren sich im Laufe der Nutzung in der Regel zu einem ansehnlichen Betrag. Hinzukommen mögliche Sonderzahlungen, die Sie bei Abschluss des Leasingvertrages vereinbaren und die die Höhe der regulären Leasingraten ein wenig mindern. Während der so genannten „Grundmietzeit" können Sie aus einem Leasingvertrag nicht aussteigen, was die Flexibilität doch ein wenig einschränkt.

Leasing

Unterm Strich ist die finanzielle Belastung meist höher als wenn Sie einen Bankkredit aufnehmen. Aber das sollten Sie ganz genau berechnen. Unser Leasingrechner auf der CD-ROM hilft Ihnen dabei.

Kaufen nach Vertragsende

Viele Leasingverträge räumen Ihnen die Möglichkeit ein, nach Ablauf des Vertrages das Investitionsgut zu einem deutlich verminderten Preis zu erwerben. Dieser Kaufpreis entspricht dem „Restwert", den Sie bei einer Abschreibung (→ S. 123) ansetzen würden. Auch hier lohnt der direkte Vergleich mit einem finanzierten Investitionsobjekt, das Sie ganz normal abschreiben.

Was spricht für Leasing?

Im Wesentlichen gibt es drei Gründe, die für die Unternehmen Leasing attraktiv erscheinen lassen:

- Leasing erhöht die Liquidität und schont die Kreditlinie. Unternehmen mit kurzfristigen Liquiditätsproblemen können davon profitieren.
- Das Leasinggut bleibt Eigentum des Leasinggebers. Dadurch wird das Risiko einer unvorhergesehenen Wertminderung auf ihn abgewälzt.

drei Gründe

- Manche Leasinggeber bieten zusätzlich attraktive Serviceleistungen an und übernehmen Wartung und Pflege.

Sie sollten genau hinschauen, was Sie geboten bekommen. Unter Umständen wird ein leichter finanzieller Nachteil kompensiert durch eine kompetente technische Betreuung. Ausgangspunkt Ihrer Überlegungen sollte aber zunächst einmal die finanzielle Belastung sein.

Praxis-Beispiel

Einen Firmen-PKW leasen oder kaufen?

Der Kaufpreis für den gewünschten PKW beträgt 20.000 Euro. Die Hausbank bietet Ihnen eine Kreditfinanzierung mit 8 % an, die Laufzeit des Kredits beträgt fünf Jahre. Am Ende jeden Jahres sind 4.000 Euro zu tilgen.

Die Firma Ismaier bietet Ihnen einen Leasingvertrag an mit folgenden Bedingungen. Monatliche Leasingrate: 400 Euro. Vertragsdauer: Fünf Jahre. Einmalige Sonderzahlung zu Beginn der Laufzeit: 1.000 Euro. Am Ende der Laufzeit können Sie den PKW für 3.200 Euro übernehmen. Doch prüfen wir zunächst die Bedingungen der Hausbank:

Kreditbedingungen der Hausbank

Jahr	Jahresbeginn	Zinsen (8 %)	Tilgung	Gesamtbelastung
1.	20.000 Euro	1.600 Euro	4.000 Euro	5.600 Euro
2.	16.000 Euro	1.280 Euro	4.000 Euro	5.280 Euro
3.	12.000 Euro	960 Euro	4.000 Euro	4.960 Euro
4.	8.000 Euro	640 Euro	4.000 Euro	4.640 Euro
5.	4.000 Euro	320 Euro	4.000 Euro	4.320 Euro
	abbezahlt	4.800 Euro	20.000 Euro	24.800 Euro

Und jetzt wenden wir uns den Bedingungen des Leasingvertrages zu:

Bedingungen beim Leasing

Jahr	Leasinggebühr	Sonderzahlung	Restwert	Gesamtbelastung
1.	4.800 Euro	1.000 Euro		5.800 Euro
2.	4.800 Euro			4.800 Euro
3.	4.800 Euro			4.800 Euro
4.	4.800 Euro			4.800 Euro
5.	4.800 Euro		3.200 Euro	8.000 Euro
	24.000 Euro	1.000 Euro	3.200 Euro	28.200 Euro

Das Angebot der Hausbank ist also erheblich günstiger. Zumindest wenn Sie daran denken, den PKW zu übernehmen. ◀

Vergleichen Sie mit der Kapitalwertmethode

Unserem Beispiel können Sie zwar entnehmen, wie viel Sie insgesamt an Zahlungen zu leisten haben. Doch etwas genauer wird der Vergleich, wenn Sie die Kapitalwertmethode anwenden und zumindest Ihre jährliche Belastung „abzinsen". Die Sonderzahlung von 1.000 Euro schlägt beim Leasing natürlich in voller Höhe zu Buche, da sie bei Vertragsabschluss fällig ist. Dafür wird die Restzahlung erst im fünften Jahr berücksichtigt. Bei einem kalkulatorischen Zinssatz von 10 % sieht die Gegenüberstellung folgendermaßen aus:

Jahr	Bankkredit	Barwert	Leasing	Barwert	
1.	5.600 Euro	5.090,96 Euro	4.800 Euro + 1.000 Euro	4.363,68 Euro + 1.000 Euro	Vergleich nach Barwert: Kredit – Leasing
2.	5.280 Euro	4.363,39 Euro	4.800 Euro	3.966,72 Euro	
3.	4.960 Euro	3.726,45 Euro	4.800 Euro	3.606,24 Euro	
4.	4.640 Euro	3.169,12 Euro	4.800 Euro	3.278,40 Euro	
5.	4.320 Euro	2.682,29 Euro	8.000 Euro	4.967,20 Euro	
		19.032,21		21.182,24 Euro	

Wie hoch ist der Kapitalwert?

Nun müssen Sie den Kaufpreis von 20.000 Euro vom Barwert abrechnen. Der Bankkredit bleibt mit einem Kapitalwert von minus 967,79 Euro ein gutes Stück hinter der Effektivverzinsung von 10 % zurück. Beim Leasing ergibt sich hingegen ein Kapitalwert von 1.182,24 Euro. Das Leasing ist also die deutlich rentablere Investition. Für Sie als Leasingnehmer heißt das natürlich: Der Bankkredit ist deutlich günstiger.

Monatliche Zahlung

Einen weiteren Unterschied haben wir noch gar nicht angesprochen, obwohl er durchaus spürbare Folgen hat: Beim Leasing entrichten Sie *monatlich* eine Gebühr, die gewissermaßen den Zinsen und der Tilgung entspricht. Beim Bankkredit, wie wir ihn vorgestellt haben, zahlen Sie Zins und Tilgung jeweils erst nach Ablauf des Jahres.

Kostenloser Kredit für den Leasinggeber?

Als Leasingnehmer leisten Sie also elf Monate lang Vorauszahlungen in monatlichen Raten. Für jede dieser Raten müssten Sie einen entsprechenden Zins berechnen, um den sich die Leasinglösung im Vergleich zum Bankkredit verteuert.

Der Effektivzins beim Leasing

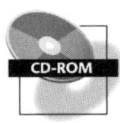

Leasing

Das Verfahren, die monatlichen Leasinggebühren in einen Effektivzins umzurechnen, ist relativ kompliziert, denn es geht ja nicht allein um vorzeitige „Zinszahlungen", sondern auch um eine Art vorzeitiger „Tilgung" (zur Klarstellung: natürlich findet beim Leasing keine echte Tilgung statt; es handelt sich um eine bloße Nutzungsgebühr, die aber eben auch die Kosten für die Abnutzung enthält, gewissermaßen die Abschreibung).

Sie können sich die Sache aber erheblich vereinfachen und alle Werte in unseren Leasingrechner auf der CD-ROM eingeben. Daraus ergibt sich: Die Effektivzinssatz des Leasingangebots beläuft sich auf 14,41 %.

Stichwortverzeichnis